U0783402

司法警官职业教育优质教材

庭审速录实务

TINGSHEN SULU SHIWU

冯　璐◎编著

中国政法大学出版社

2017·北京

司法警官职业教育优质教材
审定委员会

主　任　　闻　全

副主任　　刘广乾　于连涛　郑　丽

委　员　　裴绪胜　钟丽华　孙艳华

　　　　　王　勇　原永红　丛淑萍

　　　　　尹　辉　修　杰　曹延美

　　　　　刘岭岭

编写说明

　　"十三五"以来，我国高等职业教育进入了一个以综合改革、质量提升为特征的新阶段。为贯彻落实《国务院关于加快发展现代职业教育的决定》（国发〔2014〕19号），教育部先后颁布了一系列文件，为我国高等职业教育发展提供了新的理念，指明了新的方向。广大高等职业院校加强人才培养体制机制创新，深化产教融合、校企合作，加强专业课程、师资队伍与信息化建设，提高技术技能积累与社会服务能力，拓展国际合作与交流，呈现出蓬勃生机。职业教育集团、混合所有制、现代学徒制等现代职业教育人才培养体制机制相继试点并不断走向成熟。持续深化教育教学改革、深入推进产教融合、培养高素质技术技能人才、提升学校对经济社会发展的贡献度，成为高等职业院校共同的目标。

　　随着高等职业教育教学改革和国家司法体制改革的深入开展，司法警官职业院校的人才培养体制机制也在发生深刻的变化。为对接监狱、戒毒人民警察招录，培养政治坚定、作风优良、业务过硬、纪律严明的政法行业人才，司法警官职业院校全面贯彻落实党的教育方针，紧跟国家司法体制改革步伐，遵循职业教育发展规律，以立德树人为根本，以提高质量为核心，以专业建设为重点，准确定位办学方向，提高办学实力，为社会平安和法治建设提供坚实的政法行业人才保障。

　　为实现司法警官职业院校的人才培养目标，凸显人才培养特色，我们组织了一批教学水平高、实践经验丰富的教师与行业专家编写了系列教材。该系列教材立足政法行业人才需求，积极回应国家司法体制改革需求，融入最新的法律规定、教育理念与教学方法，吸取同类教材的优点，力争打造特色鲜明、内容新颖、能学辅教助训的优质品牌。

因水平有限，该系列教材或许有不足之处。我们会在今后的教学实践中不断完善，以期对提高我国司法警官职业院校的教育教学质量，培养优秀政法行业人才起到越来越大的作用。

审定委员会
2017 年 5 月

前　言

　　目前，电脑速录技术广泛应用于法院的庭审记录工作中，速录技能已成为书记员岗位所必须具备的基本技能。这是因为在法院庭审记录、会议记录等工作中，依靠手写记录与一般的计算机汉字输入法均达不到同声录入的速度要求，极大的影响了庭审工作的效率。只有训练有素的高水平的书记员才能更好地胜任岗位工作。速录技能的训练需要专业的方法与指导，然而市面上针对庭审速录的专门教材少之又少，更不必谈专业性。笔者结合多年的教学经验编制本书，希望能对读者有所帮助。

　　本书是"庭审速录"课程的配套教材，以书记员典型岗位工作任务为主线进行编写，以提高速录技能水平为主要目的，分为"速度训练"和"工作实务"两大部分，包括十二个专题和八个项目。第一部分主要以亚伟中文速录技术为主要工具进行编写，着重介绍训练方法并给出配套专题练习；第二部分是以行业案例为主体转化而来的实训项目，重点讲解各类工作场景中的记录要点和注意事项，并给出明确的目标要求，读者可进行模拟实训，以达到提高录入速度、强化岗位技能的目的。

　　本书可作为院校学生学习速录技能的实训教材，亦可作为公检法部门书记员岗位人员培训的教材，具有较强的实践和指导作用。

　　在本书的编写过程中，得到了济南市中级人民法院书记员处及各审判庭多位领导、书记员老师的大力支持和帮助，在此表示衷心的感谢。限于编者的水平，本书在内容及文字方面可能存在诸多不足之处，希望读者批评指正，积极提出修改意见，使本书再修订时得到完善和提高。

编　者

2017 年 3 月

目 录

第一部分 速度训练

第二部分 工作实务

第一部分　速度训练

从审判记录实践经验来看，书记员要达到胜任速录工作的要求，以熟练掌握五笔字型输入法和亚伟速录输入法为宜。五笔输入法以其快捷准确为优势，亚伟速录以其能追赶声音的速度为优势，在实际工作中发挥重大作用，更能适应庭审速录工作需要。目前，各级法院书记员大多使用这两种输入法。作为书记员，要选择五笔输入法或亚伟速录输入法作为基本功进行刻苦训练，以看打训练为基础，反复练习，提高准确率、积累知识点。同时进行听打训练，提高听辨能力与心理素质，适应现场工作的需要。在训练中，要克服急躁情绪，持之以恒，在保证准确率的前提下稳步提高速度，当听打每分钟140字以上时（准确率95%以上），方能满足现场庭审记录的需要。

第一部分，我们将庭审过程中制约录入速度的内容进行分类，并给出练习方法和训练目标，读者可根据自己所使用的输入法有选择的进行练习。

专 题 一

亚伟速录声码训练

在亚伟速录输入法中，声码是所有音节码的基础，做到准确而熟练地击打声码，掌握全部音节码就不成问题了。本节中，我们将全部声码编成双音词语，以便读者进行练习。

一、实训目的

1. 熟练掌握亚伟速录输入法中 21 个声码键位的击打方法；
2. 准确区分平舌音和翘舌音，能够使听打录入不出错；
3. 通过反复练习，达到录入准确率 100%，速度 100 字/分以上。

二、实训条件

多媒体计算机；连接亚伟中文速录机，且安装亚伟中文速录配套软件（亚伟输入法、亚伟练习系统等）。

三、实训过程与要求

（一）知识点提示——键位码和指法

声码使用的键位码主要是 "X" "B" "D" "Z" "G"，个别的声码用到了 "I" 和 "U"，这些都是排列在中间的键位码。构成声码的键位码主要靠拇指和食指进行击打，有个别声码用到了中指。

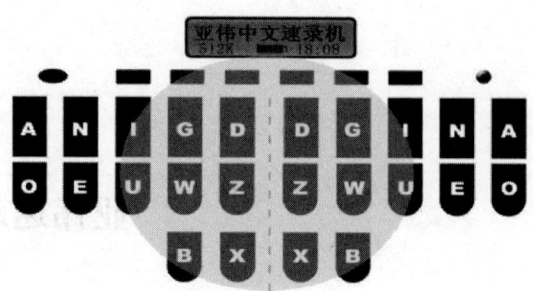

图1　声码键位分布

声码共有21个，均有固定的读音，并与一个固定的音节码相对应，可以通过单独击打声码来输入汉字。同时，声码也可以与韵码相拼，输入成千上万的汉字，这一点与拼音输入法是相似的。声码编码如表1所示。

表1　声码编码

编码	读音	编码	读音	编码	读音	编码	读音
B	不	BG	铺	XB	幕	XBU	副
D	的	BD	特	XBD	呢	XD	了
DZ	子	BDZ	此	XDZ	死	Z	知
BZ	吃	XZ	是	XBZ	日	G	个
XBG	可	XG	和	GI	及	XGI	其
XI	系						

（二）实训内容

1. 双手并击表1中的声码，反复练习，直到熟练为止。

2. 把下列声码词语读准确，然后用键位码双手并击，反复练习，音打准即可，不要求字形，不要求略码、特定字等知识点。

步步　扑扑　幕幕　夫妇　不铺　瀑布　不睦　幕布　不服　腹部　铺木
木铺　匍匐　副铺　幕府　父母　德德　忐忑　讷讷　乐了　的特　特的
德勒　乐得　的呢　呢的　特呢　呢特　特了　了特　呢了　了呢　孜孜
此次　死死　字词　次子　自私　私自　刺死　四次　制止　迟迟　事实

日日　支持　迟滞　只是　实质　至日　日至　吃食　市尺　时日　日食
各个　可可　荷荷　各科　可歌　隔阂　阒阃　可贺　贺客　积极　七不
细细　及其　奇迹　积习　袭击　气息　吸气　不得　德布　不特　布置
不呢　呢不　布勒　乐部　步子　滋补　卜辞　次布　不死　不死　可不
支部　不迟　吃不　不是　师部　不日　日不　布格　葛布　不可　不特
不合　何不　不及　缉捕　不起　不惜　不惜　西部　铺的　的铺　四铺
特铺　不呢　呢不　铺了　起步　子铺　子铺　铺此　此铺　铺四　扑克
朴直　质朴　噗嗤　吃铺　不起　铺日　铺日　日铺　铺个　歌谱　的木
科普　铺和　合浦　普及　了铺　棋谱　棋谱　棋谱　西浦　穆德　姆斯
穆特　特穆　木讷　呢木　朴实　母子　母子　字母　目次　慈母　个目
四目　拇指　知母　木尺　记谱　牧师　木器　木字　日目　牧歌　福德
木刻　科目　木荷　和睦　穆勒　继母　字符　符　母系　析木　私服
德芙　副呢　呢副　福勒　迟暮　夫子　副　复次　辞赋　复丝　复课
复制　支付　扶持　迟福　目击　师傅　起伏　复习　弗戈　弗戈　自得
克服　符合　和服　负极　勒夫　服气　的吃　吃得　吸附　吸附　的日
的此　次的　德思　四德　腐蚀　值得　和德　得计　得失　得失　得吃
日德　德格　歌德　德克　基辅　德合　特四　斯特　记得　记得　特吃
得悉　西德　特子　子特　得知　次特　哥特　特克　特制　特制　赫特
吃特　特使　史特　特日　可得　特格　呢子　子呢　科特　科特　呢四
特级　及特　特其　奇特　特此　希特　是呢　呢日　呢此　呢此　个呢
四呢　呢之　之呢　呢吃　日特　吃呢　呢其　呢系　日呢　日呢　乐滋
呢可　可呢　讷河　和呢　特系　呢是　指了　吃了　呢系　呢系　施乐
自乐　乐此　此了　勒死　吃呢　了之　乐呵　几　吃了　吃了　了七
了日　日了　日了　格勒　呢及　呵叻　赤字　姿势　几　几　日子
起了　了系　了各　自治　私了　自持　自己　集资　师资　师资　仔细
资格　各自　席勒　刻字　勒克　合资　诗词　次日　自欺　自欺　歌词
席子　次之　子可　此吃　质子　此时　瓷器　其次　日此　日此　四肢
此刻　柯慈　至此　贺词　吃此　激磁　思　四个　慈溪　慈溪　缚丝
致死　四吃　痴思　四十　刺激　四日　伺隙　西窒息　戈斯　戈斯　制科
四合　赫斯　司机　祭祀　誓死　齐思　旗帜　窒息　制革　制革　格尺
可知　纸盒　何止　致畸　机制　志气　　　　细致　吃个

齿科	可耻	吃喝	呵斥	赤肌	疾驰	吃起	七尺	吃西	细齿	诗歌
格式	时刻	可是	适合	合适	实际	及时	时期	其实	实习	稀释
日个	隔日	日可	可日	日和	和日	日记	即日	日期	期日	日夕
昔日	各级	几个	搁起	气割	个席	喜歌	科技	即可	客气	起科
可惜	稀客	合计	集合	和气	淇河	河西	西和			

3. 使用亚伟练习系统进行测试，在保证准确率的前提下，速度达到 100 字/分以上。

四、练习方法与录入技巧

（一）注意亚伟速录机操作的坐姿和指法

正确的坐姿和指法既能提高工作效率和持久度，同时也是对自身的保护，避免在长时间的速录击打过程中造成对身体的损伤。

1. 坐姿。具体要求如下：

（1）两眼向前平视；

（2）上身挺直；

（3）肩部放松；

（4）上臂下垂，前臂平伸；

（5）左、右手五指轻轻放在键盘上；

（6）大腿向前平伸，小腿下垂；

（7）脚掌轻触地面。

以上各部位均要求做到轻松、舒适、自然。

2. 指法。击打前左、右手五指摆放在键盘上的位置如图 2 所示，具体要求如下：

（1）拇指位于"X、B"键之间（负责击打"X、B"两键）；

（2）食指位于"G"键或"D、G、Z、W"键之中部（负责击打"D、G、Z、W"四键）；

（3）中指位于"I"键（负责击打"I、U"两键）；

（4）无名指位于"N"键（负责击打"N、E"两键）；

（5）小指位于"O"键或"A、O"键之间（负责击打"A、O"两键）。

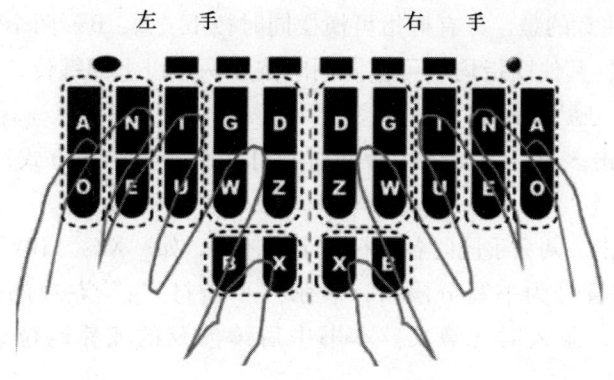

图 2　亚伟速录机操作指法

　　亚伟中文速录机键盘键位的分布是依据双手的自然摆放位置设计的，手指的分工正是这种关系的自然体现。如果不按此操作速录机，击打音节码时，就不能实现"盲打"，进而影响速度和准确率。在个别情况下（如击打某些标点符号时），中指、无名指和小指可被借用前移来击打前面相邻的码，我们称之为借指，当然，这样的应用是固定和有限的。

　　（二）"盲打"是指法训练的基本要求

　　练习时，一定要坚持盲打！所谓"盲打"，即录入时不看键盘而能正确、迅速地击键。正确而熟练地盲打，对提高击键速度及其准确率至关重要。因此，不论你使用何种输入法，盲打的训练应从接触键盘就开始。本书设计的所有练习，均要求"盲打"进行，之后不再一一说明。

　　"盲打"的最高境界是让手指形成"条件反射"，当一看到（看打）或一听到（听打）某个词语时，手指就能准确、迅速地移动并击键，要做到这一点，必须在坚持"盲打"的前提下，进行大量反复的击键训练。

　　（三）尽快习惯亚伟速录机的多键并击方法

　　构成每个亚伟码的所有键位码都要求能够用单手的一次击键动作全部并击按出，而不是像标准键盘那样依次击打每一个键，这就是亚伟速录机的"多键并击"原则，也是其指法与众不同的特点和高速击打的基础。多键并击的方法：

　　1. 单指并击两键。用一个手指同时击打两个键位码的方式，如"AO"和"XB"等都是用单指击打的。

这里需要注意的是，只有拇指可横摆同时按下"X、B"两个键位（如击打"幕、副"时），其他四指均不可横向同时按下两个以上的键位，但可纵向按下两键（如"与、嗯"等）。

2. 多指并击多键。用多个手指同时击打多个键位码的方式，如"IN、DI、GAN、DU"等。

3. 双手并击。两只手同时各击打一个亚伟码，如"XZ：XBW"（师傅）。

（注：这里冒号为书写分隔符，表示左手击打"："左边的码，右手击打"："右边的码，录入时无意义。本书中后续涉及的亚伟码位说明均用此法表示。）

（四）分段进行练习，难点强化巩固

词语练习，可分如下步骤进行：

1. 首先针对单个词语逐个进行"击键—复位—击键"的反复训练，一般需要重复十几乃至数十次。

2. 单个词击打熟练后，再针对整个练习进行反复训练。如果练习词语较多（如本节），可以将整个练习进行分段，每次3行或5行为一个单元进行练习，最后再整体进行练习。

3. 一遍练习做完后，一定要进行检查，找出错误，分析原因（键位不熟、小指漏键、读音不准、手指无力等）并调整训练计划。将出错的词语整理成强化训练文件，进行单独训练。如果没有错误，再巩固练习几遍即可。

4. 练习过程中，不仅要按顺序进行练习（横向逐个看打），还需要打乱顺序（纵向、逆向等）练习，避免形成练习的惯性，造成熟练的假象。一般掌握练习的量为横向、纵向各看打十遍，依据个体差异可适量增减，直到打熟、打准为止。

5. 本节的词语练习以看打为主，音准即可，字形及略码、特定字等知识点不做要求。练习过程中可配合"亚伟练习系统"进行测试，以便更准确的掌握练习的效果，适时调整学习进度。这里需要强调的是，很多学员过分依赖"亚伟练习系统"，而忽略了看打环节，这是不可取的，在充分看打的前提下使用"亚伟练习系统"才能达到事半功倍的效果。

专题二

亚伟速录韵码训练

一、实训目的

1. 熟练掌握亚伟速录输入法中34个韵码键位的击打方法；

2. 准确区分前鼻音和后鼻音，能够听打录入不出错；

3. 通过反复练习，达到录入准确率98%，速度100字/分以上。

二、实训条件

多媒体计算机；连接亚伟中文速录机，且安装亚伟中文速录配套软件（亚伟输入法、亚伟练习系统等）。

三、实训过程与要求

（一）知识点提示

亚伟码共有34个韵码，主要集中在中指、无名指和小指的击键区域。所有韵码均有固定的读音，全部自成音节，同时也可与声码拼接形成汉字音节码。韵码编码如表2所示。

表2　韵码编码

编码	读音	编码	读音	编码	读音	编码	读音
I	一	U	无	IU	与	N	恩
E（e、ei）	额、诶	NE	嗯	A	啊	O	我
AO	奥	AN	按	EO	欧	IN	因
UE	为	IA	压	NO	昂	IO	爱
IE	也	EA	哟	XE	而	UN	问
UA	挖	UIO	外	INE	应	IUE	月
IUN	云	IAO	要	IAN	言	UEO	翁
IUEO	用	IEO	有	INO	样	UNO	王
UAN	万	IUAN	圆				

（二）实训内容

1. 双手并击表 2 中的韵码音节码，反复练习，直到熟练为止。

2. 把下列韵码词语读准确，然后用键位码双手并击，反复练习，音打准即可，不要求字形，不要求略码特定字等知识点。

意义	无误	寓于	恩恩	谔谔	嗯嗯	啊啊	喔喔	嗷嗷	义务	无疑
易于	予以	伊恩	恩一	以恶	恶意	一嗯	嗯一	伊阿	阿姨	一窝
我一	亿澳	奥义	无余	御侮	吴恩	恩物	无恶	讹误	五嗯	嗯五
五阿	阿武	无我	我无	兀傲	奥五	俞恩	恩遇	余额	鳄鱼	与嗯
嗯与	于阿	阿玉	与我	我遇	与奥	奥与	恩啊	啊恩	恩我	沃恩
恩奥	奥恩	额啊	啊额	额我	我饿	腭凹	奥额	嗯啊	啊嗯	嗯我
我嗯	嗯奥	奥嗯	啊我	我啊	啊奥	奥啊	我奥	奥我	暗暗	欧欧
隐隐	微微	呀呀	昂昂	艾艾	爷爷	哟哟	二二	按欧	欧安	按因
阴暗	安慰	微安	按压	雅安	按昂	昂按	按爱	爱按	暗夜	也按
按哟	哟按	按而	铒桉	欧因	印欧	欧委	为欧	欧亚	亚欧	欧昂
昂欧	欧爱	爱欧	欧也	也欧	欧哟	哟欧	偶尔	而欧	因为	尾音
喑哑	牙龈	因昂	昂因	因爱	艾因	殷野	也因	因哟	哟因	因而
而引	尾牙	亚伟	为昂	昂为	胃癌	艾薇	胃液	野味	为哟	哟为
威尔	二维	压昂	昂压	压爱	哎呀	压也	液压	压哟	哟压	雅尔
尔雅	昂爱	爱昂	昂也	也昂	昂哟	哟昂	昂而	而昂	爱也	叶瑷
哎哟	哟爱	艾尔	而爱	也哟	哟也	叶耳	二野	哟而	而哟	温文
娃娃	歪歪	盈盈	跃跃	云云	摇摇	岩盐	问挖	挖问	问外	外文
雯颖	英文	汶钺	约文	问云	韵文	问要	要闻	文言	衍文	挖外
外挖	挖应	应挖	挖月	月挖	挖云	云挖	瓦窑	要挖	挖言	言挖
外应	应外	外月	月外	外运	云外	外要	要外	外延	眼外	应约
月影	营运	运营	应邀	姚莹	应验	掩映	月晕	云月	越要	邀约
月岩	宴乐	云要	摇匀	云烟	烟云	谣言	眼药	嗡嗡	庸庸	悠悠
样样	往往	万万	远远	翁用	用翁	翁有	有翁	翁样	有翁	翁王
王翁	翁万	万翁	翁源	圆翁	拥有	有用	永阳	仰泳	勇往	王勇
用完	万用	永远	援用	悠扬	洋油	有望	往右	游玩	万有	有源
原油	仰望	汪洋	杨万	万样	杨媛	鸳鸯	王万	万网	望远	愿望

万元	元万	议案	安逸	亿欧	偶一	倚音	音译	以为	唯一	咿呀
压抑	一昂	昂一	一爱	爱一	一叶	业已	一哟	哟一	一二	而已
疑问	文艺	伊娃	挖一	以外	外衣	一应	盈溢	一月	乐毅	疑云
均一	医药	徭役	遗言	演义	一翁	翁一	义勇	用以	已有	有意
一样	洋溢	以往	王毅	亿元	愿意	一亿	万一	武安	暗物	五欧
欧五	五音	因乌	无味	唯物	乌鸦	压五	无文	五昂	雾霭	爱无
午夜	业务	五哟	哟五	乌尔	而无	云雾	文物	五挖	瓦屋	物外
外务	吴鹰	英武	五月	乐舞	乌云	舞阳	务要	药物	屋檐	烟雾
五翁	翁务	无用	用武	无由	与欧	偶遇	洋务	无望	王屋	吴万
万物	无缘	原物	预案	暗喻	爱与	语音	语音	阴雨	誉为	位于
预压	哑语	与昂	盎盂	与爱	域外	渔业	育英	与哟	预约	鱼饵
耳语	语文	文娱	与挖	语言	言语	渔翁	蓊郁	英语	用于	越狱
余韵	孕育	余姚	摇羽	妄语	愚顽	晚育	御用	御苑	恩按	鱼油
由于	育秧	养育	欲望	恩为	韦恩	恩雅	压恩	源于	昂恩	按恩
恩欧	欧恩	恩因	尹恩	哟恩	恩而	恩而	恩问	恩昂	恩挖	恩爱
爱恩	恩也	也恩	恩哟	恩月	恩而	恩云	云恩	恩要	要恩	恩言
恩外	外恩	恩应	嗯恩	用恩	恩有	恩有	恩样	恩王	印俄	额为
言恩	恩翁	翁恩	恩用	按额	额欧	额欧	额叶	夜蛾	额哟	额月
恩万	万恩	恩怨	袁恩	昂额	揞饿	额外	额翁	恶鹰	额用	用额
巍峨	额压	压额	额昂	额挖	额爱	扼腕	万恶	额圆	额圆	嗯按
俄而	二恶	俄文	问恩	摇鹅	恶言	燕额	嗯压	压嗯	嗯昂	昂嗯
月额	厄运	云额	扼要	鹅王	王额	扼腕	嗯而	而嗯	嗯挖	额月
恶邮	有恶	额样	样额	因嗯	嗯为	为嗯	嗯云	云嗯	嗯样	嗯按
按嗯	嗯欧	欧嗯	嗯因	嗯哟	哟嗯	嗯压	压嗯	嗯昂	昂嗯	嗯昂
嗯爱	爱嗯	嗯也	也嗯	应嗯	嗯月	月嗯	嗯而	嗯问	问嗯	嗯挖
挖嗯	嗯外	外嗯	嗯应	用嗯	嗯有	有嗯	嗯云	云嗯	嗯要	要嗯
嗯言	言嗯	嗯翁	翁嗯	圆嗯	嗯为	为嗯	嗯样	样嗯	嗯王	嗯王
王嗯	嗯万	万嗯	嗯圆	压啊	为啊	啊为	啊压	压啊	啊昂	昂啊
阿伟	为啊	啊呀	啊呀	问啊	啊昂	为啊	啊爱	啊哇	啊也	啊唷
哟啊	阿尔	而啊	阿文	啊要	啊哇	啊外	啊外	啊英	啊英	应啊
阿月	月啊	啊云	云啊	摇啊	啊言	啊言	啊言	啊翁	翁啊	阿勇

用啊	阿尤	右阿	啊样	杨阿	阿旺	王阿	啊万	万啊	啊圆	圆啊
我按	按我	我欧	欧我	我因	因我	卧位	为我	我爱	爱我	我昂
昂我	我压	压我	我也	腋窝	哟我	哟我	沃尔	耳蜗	我问	吻我
我挖	挖啊	我外	外我	我赢	硬卧	我月	月我	握云	云我	我要
要我	我眼	眼窝	我翁	翁我	我永	用我	握有	由我	涡阳	仰卧
我忘	忘我	我完	万我	我院	原我	傲岸	按奥	奥欧	欧安	凹印
因奥	奥维	违拗	聲牙	亚奥	奥昂	昂奥	奥爱	艾奥	熬夜	也奥
奥哟	哟奥	奥尔	而奥	奥问	问奥	奥瓦	挖奥	奥外	外奥	奥应
迎奥	奥月	月奥	奥运	云奥	熬药	要奥	奥言	言奥	奥翁	翁奥
奥用	用奥	遨游	有奥	傲阳	样奥	澳网	王奥	奥万	万澳	奥园
圆奥	安稳	文安	安瓦	挖按	案外	外按	暗影	应按	安岳	越暗
按云	云安	按要	要案	铵盐	沿岸	按翁	瓮安	安永	永安	案由
幽暗	安阳	样按	按王	王安	安万	万安	安源	冤案	欧文	问欧
欧挖	挖欧	欧外	外欧	欧应	应欧	欧月	月欧	欧韵	云欧	欧要
要欧	欧言	恢耦	欧翁	翁欧	翁用	用欧	偶有	有欧	欧阳	样欧
欧王	王欧	耦脘	玩偶	欧原	圆欧	引文	纹银	因挖	挖因	因外
外因	阴影	影印	音乐	乐音	阴云	云因	因要	药引	引言	烟瘾
因翁	翁因	引用	用印	引诱	油印	阴阳	养音	因王	王音	银湾
蔓引	因缘	原因	慰问	文卫	为挖	瓦维	委外	外围	微硬	营卫
违约	越位	月晕	为云	韵味	为要	要为	围岩	燕尾	为翁	翁为
魏永	用为	惟有	尤为	喂养	扬威	威望	王位	委婉	玩味	委员
鸢尾	雅雯	文雅	亚瓦	娃亚	压外	外压	压应	颖雅	雅乐	月牙
押韵	云崖	雅瑶	咬牙	压延	眼压	压翁	翁压	压用	用压	雅悠
油压	雅漾	杨亚	压王	王亚	压万	万压	亚员	圆压	昂问	问昂
昂挖	挖昂	昂外	外昂	昂应	昂月	月昂	昂云	云昂	昂要	
要昂	昂言	言昂	昂翁	翁昂	昂用	用昂	昂有	有昂	昂王	王昂
昂万	万昂	昂圆	圆昂	艾文	问爱	艾娃	挖爱	艾崴	外爱	爱应
应爱	雅乐	越矮	爱云	云霭	爱要	要隘	碍眼	言爱	爱翁	翁爱
用爱	爱用	哎呦	友爱	爱王	爱要	爱样	哀婉	万艾	哀怨	
怨艾	叶文	文冶	也挖	野外	外也	野营	营业	叶月	越野	
叶蕴	云也	也要	摇曳	页岩	烟叶	也翁	翁也	业用	永夜	也有

油液	液氧	样也	野望	王爷	夜晚	万也	业园	原野	哟问	问哟
哟挖	挖哟	哟外	外哟	哟应	嗯哟	哟月	月哟	哟云	云哟	哟要
要哟	哟言	言哟	哟翁	翁哟	哟用	用哟	哟有	有哟	哟样	样哟
哟王	王哟	哟万	万哟	哟圆	圆哟	耳闻	文二	尔瓦	瓦尔	而外
外耳	而影	婴儿	二月	悦耳	而云	云儿	而要	药饵	而言	沿儿
而翁	翁而	而用	庸耳	而又	幼儿	二氧	养儿	二王	尔王	二万
玩儿	二元	园二	问用	用文	问翁	翁文	问有	右文	纹样	杨文
闻望	王文	问万	万问	文苑	原文	挖翁	翁挖	蛙泳	用挖	挖有
有挖	挖样	洋娃	挖王	王挖	挖万	万挖	挖圆	圆挖	外翁	翁外
外用	用外	外游	有外	外洋	样外	外网	往外	外万	万外	外援
员外	应翁	翁应	应用	用英	应有	尤应	菅养	杨影	应王	王莹
应万	万英	应援	元婴	月翁	翁月	越用	踊跃	约有	优越	栎阳
杨岳	越王	旺月	月圆	元月	月万	婉约	云翁	翁云	运用	用云
云游	游云	郾阳	杨云	运往	王云	运腕	万云	云圆	圆云	要翁
翁要	药用	用药	要有	又要	要样	杨耀	药王	王耀	药丸	丸药
遥远	袁耀	言翁	翁言	演员	原盐	延佑	油烟	沿用	颛琰	岩样
扬言	阎王	网眼	言万	蜿蜒						

3. 使用亚伟练习系统进行测试，在保证准确率的前提下，速度达到 100 字/分以上。

专题 三

亚伟速录全部音节码训练

一、实训目的

1. 熟练掌握亚伟速录输入法中 360 个音节码的键位击打方法；
2. 掌握特定音节码及兼容音节码的击打方法；
3. 通过反复练习，达到录入准确率 98%，速度 100 字/分以上。

二、实训条件

多媒体计算机，连接亚伟中文速录机，且安装亚伟中文速录配套软件（亚伟输入法、亚伟练习系统等）。

三、实训过程与要求

（一）知识点提示

亚伟速录机的全部音节码共 356 个，其中除 4 个特定音节码（由于韵码"e、ei"合并出现的重码，如表 3 所示）和 31 个兼容码（经过简化处理允许其与全拼码同时存在的音节码，如表 4 所示）需要记忆外，其他均按"声+韵"拼缀击打即可。

表 3　特定音节码

编码	XBIU	ZIE	XZIE	DZIE
读音	mei　每	zhei　这	shei　谁	zei　贼

表 4　兼容码

兼容码	音节码	举例	兼容码	音节码	举例
WIU	GIU	据	XZWU	XZUA	刷
XWIU	XGIU	去	GWI	GUNA	管

续表

兼容码	音节码	举例	兼容码	音节码	举例
WIUN	GIUN	军	GWIU	DZUNA	钻
XWIUN	XGIUN	群	BGWIU	XDZUNA	酸
WIUE	GIUE	决	WUNO	ZUNO	装
XWIUE	XGIUE	却	BWIUE	XDIUE	略
WIUNA	GIUNA	卷	XBWIUE	XBDIUE	虐
XWIUNA	XGIUNA	全	XWIUEO	XGIUEO	穷
XBZIU	XBDIU	女	XBGI	XBGUIO	快
XZIU	XDIU	率	XDN	XDNE	冷
BWIU	XDIU	率	BDN	BDNE	腾
XWIUO	XGIUO	坏	BDIN	BDINE	听
WIUEO	GIUEO	迥	DIN	DINE	定
GWA	GUA	挂	BUI	XBUA	法
XBGW	XBGUA	跨	XGW	XGUA	华
ZIU	ZUA	抓			

(二) 实训内容

1. 双手并击表 3、4 中的音节码，反复练习，直到熟练为止。

2. 把下列音节码词语读准确，然后用亚伟码双手并击，反复练习，打准、打熟。

把握	爬坡	麻痹	法律	大发	他们	那时	拉动	嘎吧	卡车	哈气
炸弹	查出	沙漠	杂志	擦试	撒手	搏击	婆媳	磨难	佛教	多次
托儿	诺言	落实	国家	阔绰	活泼	卓越	戳住	说话	若干	左派
错误	所以	这么	得到	那个	了吗	各级	可是	和好	遮住	车站
社会	热烈	则是	测量	设置	北宋	配备	美丽	肥料	得去	内部
类别	给过	黑白	这个	谁去	贼头	败类	派别	买卖	代理	态度
耐心	赖皮	该当	开拓	还要	摘记	柴米	筛子	再来	才能	赛场
报告	跑道	矛盾	到处	淘汰	闹事	老师	高潮	考试	好处	照办
抄录	少年	绕过	遭殃	操场	扫尾	剖开	谋士	否则	都是	头脑
楼台	够用	口头	后面	周期	酬劳	受奖	柔道	走了	凑巧	搜集
办公	攀登	满足	翻番	但是	谈话	难道	篮球	干部	看法	涵洞
战争	颤抖	擅长	然而	咱们	惨案	散布	帮助	庞大	忙碌	方向
档案	搪瓷	皮囊	浪费	钢铁	抗战	航行	涨落	长短	伤亡	让步

赃物	仓库	丧失	本来	盆花	门房	分别	嫩芽	根源	肯于	很好
真假	沉着	申请	人们	怎么	参差	森林	崩溃	蓬勃	盟邦	丰富
等级	腾飞	能够	冷气	耕种	坑人	横行	争夺	城市	省市	仍然
增长	层次	僧侣	董事	同志	农业	隆重	工业	空地	轰炸	中国
充分	容纳	宗教	从前	送达	比较	批评	秘密	敌人	替代	你们
历程	憋气	撇开	灭亡	爹娘	铁矿	镊子	劣品	揭露	切实	协作
谬论	丢弃	牛群	流行	究竟	球赛	修养	嗲声	俩人	家庭	恰好
下来	标准	飘动	藐视	习难	条件	鸟类	了解	交流	桥梁	消除
边防	骗子	勉强	典型	天颜	年成	练习	艰苦	欠款	先生	姑娘
良好	将来	强盗	想起	宾客	拼音	民族	您们	林业	金银	亲人
心思	兵营	乒乓	明白	顶多	听取	宁可	灵巧	精度	青年	兴盛
窘迫	穷困	凶杀	不可	普及	母亲	富裕	毒素	徒劳	努力	陆地
鼓励	苦难	呼吸	注意	除了	熟人	如果	祖先	粗心	塑性	对于
推行	贵重	亏本	会议	追求	吹嘘	水平	锐气	嘴边	催促	虽然
瓜果	夸奖	化学	抓住	刷洗	拐弯	快乐	怀念	拽住	揣测	摔打
锻炼	团结	暖气	卵子	关键	宽厚	吹呼	专门	川流	拴住	软和
钻研	逃窜	酸甜	光荣	矿产	黄草	庄稼	窗户	爽快	吨位	吞吐
论证	滚动	困难	混合	准备	春光	顺利	润色	尊敬	村庄	损失
女儿	律己	居然	区别	需要	虐待	略去	觉醒	缺乏	学习	捐助
权利	宣告	军队	群众	训练	审判	死缓	无期			

3. 使用亚伟练习系统进行测试，在保证准确率的前提下，速度达到 100 字/分以上。

四、练习方法与录入技巧

全部音节码练习是学习速录的学员每天都要进行的基本功训练，也是保证工作过程中录入准确率的前提。此项练习前期仍旧以看打为主，击键熟练后，使用亚伟练习系统进行测试和巩固，配合听打训练进行提速。无论使用何种训练方法，保证准确率都是前提。

对于 4 个特定音节码必须掌握牢固，而兼容码，用全码击打亦可，但指法相对复杂，大家可依据自身情况有选择的记忆。

专题四

普通话与方言辨析

一、实训目的

1. 辨析常见方言用语；

2. 准确区分方言与普通话音节码；

3. 通过反复练习，达到录入准确率 100%，速度 120 字/分以上。

二、实训条件

多媒体计算机；连接亚伟中文速录机，且安装亚伟中文速录配套软件（亚伟输入法、亚伟练习系统等）；或者配备标准键盘（含数字小键盘）安装需要的输入法。

三、实训过程与要求

（一）知识点提示

普通话是工作中的规范用语，然而"乡音难改"，很多来自方言区的学员，虽然经过刻苦的练习，打字速度提升却不明显，究其原因是对部分音节码区分有困难，导致在录入文章时准确率低，根本的解决方法是努力学好普通话。音正调准的普通话能够大大提升我们的工作效率和沟通能力。另外，庭审过程中，有些当事人也是来自方言区的，良好的方言辨识能力也是保证录入速度和准确率的关键。要学好速录必须克服方言带来的困扰。

1. 声母辨析。普通话声母与方言相比主要有三个特点：

第一，能区分舌尖前音"z、c、s"和舌尖后音"zh、ch、sh"；

第二，能区分舌尖鼻音"n"和边音"l"；

第三，能区分唇齿音"f"和舌根音"h"。

来自方言区的学员练习速录时要特别注意这三组声母的区别。

2. 韵母辨析。普通话里带鼻音的韵母"n"和"ng"，在有的方言中是不区分的（上海、福州等地），比如"in"和"ing"。普通话的韵母分开口呼、齐齿呼、合口呼、撮口呼四类。有些方言（昆明、客家等地）没有撮口呼，"i"和"iu"发音区分不清。

3. 音节码区分不清时，一定要熟记其代表字，对代表字及其同音字多加练习。

表5　音节码辨析

陈	本	盆	门	分	嫩	跟	肯	很
成	甬	朋	蒙	风	等	更	坑	哼
仅	秦	新	真	神	怎	岑	森	以
京	请	行	正	成	生	曾	僧	与

（二）实训内容

1. 将下列词语读准、打熟，速度达到120字/分以上。

（1）平翘舌音练习（z–zh、c–ch、s–sh、r–r）。

● z–z

咂嘴　栽赃　再造　在座　藏族　遭罪　造作　自在　自尊　宗族　总则
走卒　走嘴　祖宗　罪责　做作

● zh–zh

扎针　债主　站住　战争　长者　招展　招致　昭彰　折中　折纸　真挚
珍重　珍珠　诊治　针织　争执　证章　政治　支柱　执照

● z–zh

杂志　栽种　在职　增长　资助　自治　自重　自传　自主　总账　总之
阻止　组织　罪状　遵照　坐镇　作战　作者　做主　载重　宗旨

● zh–z

张嘴　振作　赈灾　正在　正字　正宗　知足　职责　指责　沼泽　治罪
制作　猪鬃　主宰　铸造　转赠　装载　壮族　追踪　准则

● c–c

猜测　残存　仓促　仓翠　草丛　参差　从此　催促　措辞　粗糙　葱翠
草草　苍翠

● ch – ch

叉车　查抄　拆穿　铲除　长处　长城　超产　超出　车床　成虫　惩处
驰骋　充斥　重唱　抽查　踌躇　愁肠　臭虫　初创

● c – ch

财产　采茶　残喘　操场　操持　草创　磁场　促成　错处　彩绸　餐车
辞呈　粗茶　仓储

● ch – c

差错　场次　车次　陈醋　成材　冲刺　出操　除草　储藏　穿刺　纯粹
船舱　尺寸

● s – s

洒扫　缫丝　嫂嫂　色素　僧俗　思索　四散　松散　送死　搜索　诉讼
速算　琐碎

● sh – sh

杀伤　山水　山势　闪身　闪烁　膳食　伤神　赏识　上身　上升　上声
上述　烧伤　少数

● s – sh

散失　丧失　扫射　扫视　私事　死守　四声　松手　宿舍　诉说　素食
随身　随手　随时　岁数　缩手　缩水　所属　桑树　松鼠　算术　私塾
琐事　唆使

● sh – s

上司　上溯　上诉　哨所　深思　深邃　申诉　神色　神速　生死　绳索
胜似　石笋　世俗　誓死　食宿　收缩　手松　疏散　疏松　输送　殊死
熟思

● r – r

嚷嚷　忍让　忍辱　人人　仍然　容忍　荣辱　柔软　柔弱　儒染　如若
软弱　闰日

● 平翘舌音对比综合练习

闸—杂　插—擦　沙—撒　折—则　彻—测　社—色　少—扫　臭—凑
收—搜　站—赞　产—惨　出—粗　桌—坐　戳—撮　坠—最　吹—催
只—紫　持—词　是—四　寨—在　柴—才　超—操　山—三　诊—怎
张—脏　常—藏　商—桑　争—增　睡—碎　专—钻　串—篡　栓—酸

谆—尊　春—村　顺—损　宙—奏　说—缩　照—造　逐—足　战时—暂时
初步—粗布　臭钱—凑钱　摘花—栽花　照旧—造就　诗人—私人
推迟—推辞　师长—司长　札记—杂技　终止—宗旨　春装—村庄
支援—资源　出息—粗细　木柴—木材　实数—食宿　生人—僧人
山脚—三角　重来—从来　出操—粗糙　撒身—侧身　志愿—自愿
鱼翅—鱼刺　近视—近似　资助—支柱　仿照—仿造　主力—阻力
商数—桑树　珠子—租于　商业—桑叶　杀人—仁人　收集—搜集

（2）前后鼻音练习（an–ang、en–eng、un–ong、in–ing）。

● an – ang

安—昂　般—帮　盘—旁　馒—忙　反—访　单—当　谈—堂　难—囊
兰—郎　干—刚　看—抗　含—航　战—丈　产—场　山—商　染—嚷
开饭—开放　烂漫—浪漫　反问—访问　赞颂—葬送　安然—昂然
担心—当心　弹词—搪瓷　竿于—缸子　施展—师长　一般——帮
心烦　心房　担当　安放　班长　繁忙　站岗　南方　反抗　安康　安放
半晌　返航　肝脏　擅长　战场　商贩　当然　傍晚　畅谈　上班　帐单
方案

● ian – iang

险象—想象　简历—奖励　坚硬—僵硬　浅显—抢险　老年—老娘
大连—大梁　试验—式样　鲜花—香花
演讲　点将　现象　健将　边疆　坚强　变相　偏向　勉强　联想
绵羊　人像　限量　岩浆　相见　镶嵌　香甜　相片　想念　香烟
两边　量变　强辩

● uan – uang

完—王　关—光　宽—筐　环—黄　专—装　船—床　栓—双
酸软　宛转　万万　专断　专款　转换　转弯　框框　狂妄　双簧
网状　往往　装演　状况　窗台　创伤　床铺　闯将　创业　光明
广大　观光　管状　观望　万状　端庄　光环　慌乱　狂欢　双关
王冠　壮观

● en – eng

奔—崩　盆—朋　门—盟　分—风　嫩—能　跟—更　肯—坑　痕—横
真—争　陈—成　深—声　人—仍　怎—增　岑—层　森—僧　陈旧—成就

真挚—争执　申明—声明　木盆—木棚　清真—清蒸　瓜分—刮风

绅士—声势　人参—人生　诊治—整治　身世—生事　时针—时政

本分　本人　沉闷　称身　分身　粉尘　愤恨　根本　门诊　人身

人参　人文　认真　深沉　神人　审慎　真人　珍本　振奋　深圳

成风　承蒙　逞能　登程　丰登　丰盛　风声　风筝　更生　更正

冷风　萌生　声称　生成　生疼　升腾　省城　征程　蒸腾　整风

真诚　本能　深层　奔腾　真正　神圣　文风　纷争　门缝　人称

人生　成本　成分　登门　承认　成人　诚恳　城镇　风尘　锋刃

能人　胜任　正门　证人

- un/wen

滚动　顺从　昆虫　滚筒　混同　尊重　稳重

- ong/weng

动容　工种　公共　公众　共同　老翁

- un – ong

盾—动　吞—通　轮—龙　滚—工　昆—空　混—洪　准—肿

春—充　温—翁　从前—存钱　　依从—依存　冲锋—春风　通病—吞并

笼子—轮子　渔翁—余温

农村　中文　重孙　公文　共存　通顺　红润

- in – ing

音—应　宾—兵　贫—平　民—明　您—宁　林—零　进—静

亲—清　心境—行径　新生—轻生　金质—精致　人民—人名　信服—幸福

新近　心音　信心　辛勤　音频　音信　殷勤　定睛　定型　惊醒

精灵　精明　经营　菱形　领情　另行　明净　明星　心情　禁令

民警　品行　聘请　进行　新型　尽情　心灵　拼命　民兵　尽兴

金星　新颖　听信　灵敏　清音　挺进　平民　凭信　迎新　影印

领巾　清新　精心　轻信　病因　定亲

（3）n – l 练习。

- l – l

拉力　蜡疗　来历　来路　劳累　劳力　劳碌　老路　磊落　冷落

理疗　利率　利落　料理　流利　流露　流落　辘轳　罗列　裸露

来临　拉链　拦路　蓝缕　朗朗　联络　连累　量力　理论　力量

流浪　留恋　老练　勒令

●n–n

奶牛　男女　恼怒　能耐　泥泞　农奴　牛奶　拿手　哪怕　年青
纳入　那样　南方　难道　难度　脑筋　内部　能够　农业　搬弄
本能　电钮　断奶　愤怒　观念　新年　叛逆　前年　来呢　神女

●n–l

拿—拉　奈—赖　内—类　脑—老　南—兰　囊—郎　能—棱
你—里　捏—列　鸟—辽　牛—流　年—连

哪里　纳凉　奶酪　耐劳　脑力　内涝　内陆　内乱　能力　能量
泥疗　逆流　年历　年龄　年轮　凝练　农历　农林　努力　女郎
暖流　来年　烂泥　老娘　累年　冷暖　历年　连年　两难　林农
流脑　留念　遛鸟　落难

(4) f–h 练习。

●f–f

发放　发奋　反复　犯法　方法　防范　防腐　非法　非凡　肺腑
分发　丰富　蜂房　夫妇　伏法

●h–h

皇后　惶惑　谎话　挥霍　挥毫　回合　悔恨　毁坏　绘画　浑厚
混合　火红　火候　火花　祸害

●f–h（hu）

浮水—湖水　防空—航空　花费—花卉　幅度—弧度　分钱—婚前
乏力—华丽　犯病—患病　公费—工会　风箱—烘箱　船夫—传呼
富丽—互利　发展—花展

发话　发狠　发慌　发挥　发火　反悔　繁华　返回　饭盒　防洪
防护　放火　废话　分毫　分化　粉红　丰厚　风华　缝合　奉还
凤凰　腐化　浮华　符合　富豪　复合　复活　豪放　豪富　毫发
耗费　号房　浩繁　何妨　合法　和风　横幅　洪峰　洪福　后方
花房　花费　花粉　话锋　画幅　划分　化肥　荒废　黄蜂　挥发
回复　会费

(5) i–ü 练习。

分期—分区　名义—名誉　容易—荣誉　季节—拒绝　雨季—雨具

办理—伴侣　适宜—适于　书籍—书局　得意—德育　里程—旅程

实际—实据　戏曲—序曲　臆测—预测　遗传—渔船　移民—渔民

意见—遇见

荸荠　鼻涕　笔记　比例　激励　气体　气息　积极　基地　机器

极力　极其　洗涤　戏迷　居于　聚居　区域　屈居　鱼具　语序

玉宇　曲剧　须臾　栩栩　序曲　寓居　豫剧　而具

（6）ou - uo 练习。

● ou - ou

筹谋　丑陋　兜售　抖搂　佝偻　猴头　后头　口臭　口授　漏斗

露头　收购　手头　偷漏　叩头　喉头

● uo（o）- uo（o）

菠萝　剥夺　薄弱　错过　做作　错落　哆嗦　堕落　国货　过错

活捉　火锅　阔绰　罗锅　萝卜

（7）e - o 练习。

厕所　车祸　恶果　恶魔　隔膜　合伙　合作　刻薄　勒索　热火

折磨　各国　课桌　波折　薄荷　油合　挫折　国策　国歌　火车

火舌　或者　货车　攀刻　末个　墨盒

四、练习方法与录入技巧

方言的训练，可以分两个方面进行，一是自己的不标准发音要纠正，否则在录入时分不清键位，会导致录入准确率的下降；二是别人的方言发音要能听得懂，否则在听打时同样会影响准确率和速度。针对存在第一个问题的学员，要认真学习普通话，来不得半点含糊，要从标准音标开始纠正，平时可以多听新闻和广播，锻炼听力，同时找一些含有自己分不清的音节的绕口令来练习听打和看打，相信只要坚持下来，普通话水平就会有长进的。针对第二个问题，可以多听一些方言的音频（网站或广播），或者请来自不同地区的学员相互用方言朗读词句进行听打，都是不错的选择，不需要说的像，只要能"听得懂、记得下"就可以了，这其实是一个锻炼听力的过程。

专题五

略码及后置成分训练

一、实训目的

1. 熟练掌握略码的击键方法；

2. 熟练掌握后置成分的击键方法；

3. 通过反复练习，录入略码及后置成分达到准确率100%，综合速度140字/分以上。

二、实训条件

多媒体计算机，连接亚伟中文速录机，且安装亚伟中文速录配套软件（亚伟输入法、亚伟练习系统等）。

三、实训过程与要求

（一）知识点提示

1. 略码。汉语中的同音词很多，为了离散同音词，同时使高频出现的词语可以快速击打上屏，我们定义了一些特定码，称之为"略码"。使用略码，可以极大地提高软件的识别率和录入的准确性，同时由于其将全码的方式转化为简便的击打方式，在一定程度上也可以减轻工作的压力，提高录入速度和工作效率。略码分为"双音略码、三音略码、四音略码和多音略码"四类，击打方法如表6所示。

表6　略码击键规则

名称	双音略码	三音略码	四音略码	多音略码
规则	首音节码：X/W	首音节码 X：X	首音节码：末音节码 X：X	首音节码：二音节码 末音节码：XO

续表

名称	双音略码	三音略码	四音略码	多音略码
说明	左手击打两字词语中第一个字的音节码，同时右手并击功能码"X"或者"W"，省略词语后一个字的音节码。	首先左手或右手单击三字词语中第一个字的音节码，然后双手并击功能码"X：X"，省略词语后两个字的音节码。	首先左右手并击四字词语中第一个和最后一个字的音节码，然后双手并击功能码"X：X"，省略词语中中间两个字的音节码。	首先左右手并击五字以上词语中第一、二个字的音节码；然后左手击最后一个字的音节码，同时右手并击功能码"XO"；省略词语中间的多个字。

2. 后置成分双音词。在汉语中，有一些双音词，不仅本身出现频率非常高，而且经常作为其他词组中的一部分，来构成多字词语，我们称之为"后置成分"，这类词语共11个，其音节码如下：

ZWI→主义　　　XZWUE→社会　　　ZWU→制度　　　XGWUEO→活动
GWIE→阶级　　　XBWN→矛盾　　　XGWIE→企业　　　XZWIE→世界
XWUEO→系统　　　XWAO→学校　　　XBGWIUE→科学

这类词语，如果与其他词语组合，可进一步略打，例如封建社会、规章制度、高等学校等，其构成规则为：

附加成分前音节码：后置成分音节码

（二）实训内容

1. 熟练录入下列双音略码，速度达到140字/分以上。

不能　部分　普遍　普通　目的　目前　复杂　负责　得到　德国　特点　特别
乐趣　乐观　自然　自己　刺激　此外　思想　饲料　革命　各个　可能　客观
和平　合乎　基础　技术　起来　其他　吸收　希望　已经　以后　比较　必须
地方　地区　密切　密谋　你们　拟稿　提高　提出　出来　出去　苦难　库存
路线　录用　努力　怒容　如下　如果　数量　属于　塑料　速度　武装　无论
主要　主席　举行　具有　女士　女人　去年　区别　需要　许多　于是　舆论

恩情	恩爱	分析	分子	根本	根据	很小	很快	肯定	恳求	人们	人民
怎么	怎样	热烈	热心	责备	责任	北京	北方	类型	类似	每年	没有
内勤	内容	配合	培养	曾经	层次	等等	等于	封建	丰富	能力	能够
膨胀	朋友	生产	生活	增加	增长	这些	这样	正确	政府	差别	差距
大家	达到	发展	法国	马上	麻烦	那么	那样	说明	说话	他们	她们
措施	错误	多少	多数	国家	过程	货币	或者	扩大	扩充	落实	落后
迫害	破坏	所谓	所有		妥协	我们	我国	着手	着重	作用	作为
偶然	欧洲	都是	斗争	否则	否认	后来	后面	某些	谋划	受到	首先
投资	投入	近来	进行	民族	民主	品种	频率	心里	信号	因此	因为
对象	对于	规定	规律	回来	恢复	水分	水平	虽然	随着	推行	推动
为了	委员	追求	追究	最小	最后	加强	加快	恰当	恰如	下来	下面
压力	压迫	仓促	仓库	长期	长度	当然	当时	方面	方法	钢铁	刚才
浪潮	浪费	旁边	旁观	丧失	丧命	上来	上面	才能	采用	代替	代表
改变	改革	还是	孩子	开展	开放	来宾	来源	买卖	埋头	耐心	耐用
排列	排除	态度	台湾	在于	再生	别离	别人	解决	结果	劣迹	列车
蔑视	灭亡	撇下	撇开	切实	切断	铁证	铁路	业绩	也许	而且	儿童
春天	春秋	纯在	存储	蹲点	吨位	混淆	混合	困难	困苦	论证	论述
润色	润滑	顺利	顺序	损失	损害	问题	文化	准备	准确		遵守
化学	划分	夸大	跨度	瓦解	挖掘	抓紧	抓住	揣测	揣摩	快餐	快速
率领	衰落	外交	外国	并且	病人	定理	定律	领导	领袖	明显	明确
宁可	宁愿	平行	平均	青年	情况	停止	听见	形式	形成	应该	影响
决定	绝对	掠夺	略去	确定	缺点	学习	学生	约束	月份	均匀	军队
群体	群众	训练	迅速	运用	运动	表示	表现	调查	调动	了解	疗效
描写	描绘	飘然	漂亮	巧妙	侨眷	调整	条件	小姐	效果	要是	要求
变成	变化	电脑	电话	建设	坚决	联系	连续	面貌	面前	年来	年代
偏差	片面	前来	前面	天下	天津	现在	现象	研究	严重	东西	动作
空气	控制	隆重	垄断	农民	农村	送入	送出	同志	通过	重要	中国
总是	总统	穷困	穷人	勇于	永远	就是	就要	留恋	流动		谬论
求证	秋收	修理	修改	粮食	良好	强调	强度	相等	相同	样品	养成
创造	创作	广大	广泛	荒谬	荒废	况且	狂欢	双手	双方	往来	妄图
状态	状况	传播	传统	锻造	锻炼	关系	管理	环境	欢迎	换大	宽广

软件 软化　算是 酸痛　团结 团体　完成 完全　专门 转动　钻研 钻营
权利 全国　选择 宣传　原则 原料

2. 熟练录入下列三音略码，速度达到 150 字/分以上。

不能不	普遍性	服务员	得罪人	特别是	乐天派	指战员	吃不上
事实上	日用品	自动化	思想家	革命化	科学家	核试验	积极性
企业家	吸引力	必需品	第一次	一系列	出发点	具体化	本部门
门市部	怎么样	真实性	安理会	奥运会	办公室	到时候	好容易
劳动力	闹革命	贪污犯	购买力	投保人	尽可能	贫困户	新加坡
被告人	对立面	废品率	规范化	会员国	加拿大	水电站	推销员
为什么	下意识	憋足劲	解放军	列车员	怯生生	野战军	纯利润
划时代	婚姻法	吞吐量	文学家	准确性	绝对化	军事化	略高于
群众性	学术界	训练班	运动员	辩护人	标准化	电视机	柬埔寨
交易所	联合国	了不起	免不了	年产量	片面性	飘飘然	潜伏期
瞧不起	天安门	现代化	消费者	严重性	邀请赛	东南亚	共产党
轰炸机	空架子	农产品	统治者	凶杀案	用不着	重要性	总产量
创始人	光秃秃	讲排场	就是说	留学生	娘儿俩	强有力	球迷们
双职工	相适应	休假日	优越性	装饰品	传染病	短训班	冠军赛
欢送会	暖洋洋	全国性	软弱性	团体赛	选举权	专利权	

3. 熟练录入下列四音略码，速度达到 160 字/分以上。

不好意思	不仅仅是	知识分子	市场机制	实事求是	市场价格
各行其是	各国政府	不切实际	市场经济	思想武器	思想体系
个体经济	积极分子	集体经济	基层组织	对外贸易	非法行为
归根到底	加快发展	虽然如此	违法行为	最大限度	质量管理
人民法院	人民军队	人民团体	人民政府	日新月异	一技之长
一个中心	祖国统一	国家机关	各国政府	澳大利亚	表演艺术
不以为然	初级阶段	错综复杂	反腐倡廉	丰功伟绩	共产党员
换句话说	基本方针	基本路线	科学技术	立案侦破	励精图治
雷厉风行	令行禁止	面向未来	企业集团	软件开发	受贿贪污
天气预报	议事日程	众所周知	再接再厉	以权谋私	沾沾自喜

4. 熟练录入下列多音略码，速度达到 160 字/分以上。

发展生产力　提高工作效率　经济技术开发区　国内外形势

集体所有制	民主法制建设	经久不息的掌声	加利福尼亚
面向现代化	摸着石头过河	农业资本主义化	从实际出发
巩固和发展	中央工作会议	宣传思想工作者	发展中国家
大大地提高	农村包围城市	中华人民共和国	中国共产党
全民所有制	全面深化改革	批评和自我批评	个体所有制
中央政治局	走自己的道路	维护群众的利益	高标准严要求
继承和发扬	爱国统一战线	一个巴掌拍不响	国民生产总值
深度和广度	持续快速健康	中央工作会议	科学技术水平
有中国特色	富强民主文明	党中央国务院	宏观调控措施
反革命分子	物质文明建设	工农业总产值	基本建设投资

5. 熟练录入下列后置成分词语，速度达到 180 字/分以上。

大肆活动	党团活动	恐怖活动	社会活动	政治活动	思想活动
准备活动	剥削阶级	工人阶级	农民阶级	统治阶级	无产阶级
资产阶级	中产阶级	敌我矛盾	根本矛盾	基本矛盾	主要矛盾
阶级矛盾	民族矛盾	内部矛盾	自相矛盾	封建社会	阶级社会
奴隶社会	原始社会	大型企业	独资企业	工业企业	国有企业
技术企业	科技企业	民办企业	合资企业	乡镇企业	中型企业
称霸世界	宏观世界	精神世界	内心世界	外部世界	微观世界
公立学校	民办学校	农业学校	师范学校	专科学校	私立学校
高等学校	灌溉系统	光学系统	呼吸系统	排水系统	神经系统
消化系统	剥削制度	工作制度	国家制度	规章制度	货币制度
婚姻制度	教育制度	经济制度	陪审制度	司法制度	专制制度
政治制度	会计制度	改良主义	保守主义	拜金主义	无政府主义
本位主义	个人主义	共产主义	官僚主义	集体主义	法西斯主义
经验主义	浪漫主义	人道主义	社会主义	列宁主义	马克思主义
唯物主义	形式主义	资本主义	殖民主义	主观主义	新民主主义
霸权主义	材料科学	基础科学	军事科学	人文科学	社会科学
应用科学	自然科学				

四、练习方法与录入技巧

略码对于提高录入速度是非常重要的知识点，使用略码的好处有"直接上屏，键位少，反应快，没有联想，没有捆绑，准确率高"，在速度明显落后的时候可以凭借几个略码快速追上来。略码学习的难点在于记忆，因为略码词语的数量较多，且容易混淆，尤其是双音的 X、W 略码。对于双音和三音略码是要求必须全部记忆的，四音略码和多音略码，只需在平时练习过程中多积累，记忆常用的即可。

略码的记忆练习可以采用"联想记忆、集中记忆、分散记忆、边打边记"等多种方法交替进行，可以通过日常的文章练习逐渐去积累，也可以集中在一起进行记忆，还可以编制一些"略码秀"句子来帮助记忆，提高学习兴趣与效率。比如：

- 他<u>出来</u><u>出去</u>好几趟也没离开<u>出发点</u>。
- 我的<u>苦难</u>是销售大量<u>库存</u>，天天<u>哭鼻子</u>。
- 他沿着这条<u>路线</u>走就能找到<u>录用</u>单位，是修理<u>录像机</u>的。
- 老师<u>努力</u>消除<u>怒容</u>，继续讲解<u>奴隶制</u>的特点。
- 按照如下策略执行，<u>如果</u>出现意外怎么办？

也可以将略码进行分类总结，一部分一部分的进行记忆，比如：

- 婚姻法、商标法、诉讼法
- 政治犯、诈骗犯、杀人犯、贪污犯
- 所有权、选举权、专利权、否决权、财产权
- 审判员、陪审员、列车员、服务员、推销员、营业员、运动员、指战员
- 思想家、文学家、批评家、企业家、哲学家、科学家
- 短训班、轮训班、训练班
- 冠军赛、邀请赛、团体赛
- 单方面、对立面、多方面

……

也可以把地名归类，或把形容词、动词归类，等等。这样记忆起来比较容易，在这里只给大家举一些例子，希望能起到抛砖引玉的作用，大家可以自行总结。

至于后置成分，关键在于音节码的记忆，略打词语只需要反复练习，在击打过程中加深印象即可，不需要单独进行记忆。

略码和后置成分是快速、准确录入方式中必不可少的一环，同学们一定要克服学习过程中的畏难情绪，把这一部分学扎实。掌握好略码和后置成分，能使提速过程事半功倍！

专题六
常用字训练

一、实训目的

1. 熟练掌握单音特定字的击键方法；

2. 注意区分单音特定字与双音略码的击键规则；

3. 通过反复练习，录入常用字达到准确率100%，速度140字/分以上。

二、实训条件

多媒体计算机；连接亚伟中文速录机，且安装亚伟中文速录配套软件（亚伟输入法、亚伟练习系统等）；或者配备标准键盘，安装需要的输入法。

三、实训过程与要求

（一）知识点提示

为了避免出现捆绑词而影响准确率的现象发生，我们将一些常用的单个汉字设置为"高频特定单音字"，进行特殊编码，可以直接击打上屏。对于这些特定单音字我们一定要牢记并熟练的掌握，这样就可以减少词库捆绑现象，大大提高一次上屏的准确率。特定单音字的击键规则如表7所示。

表7　特定单音字击键规则

类别	编码规则	举例
超高频特定单音字（1个）	XZI	是
一级高频特定单音字	X：单字音节码	的、自、此……
二级高频特定单音字	W：单字音节码	得、字、次……
三级高频特定单音字（10个）	XW：单字音节码	乘、处、即、省、神、唯、县、又、於、争

（二）实训内容

1. 熟练录入下列常用字，在保证准确率的前提下，速度达到140字/分以上。

按　案　把　百　白　半　办　帮　报　办　被　倍　本　比　笔　便　变

表	标	别	并	病	不	部	才	采	草	侧	层	曾	差	查	长	厂
朝	超	车	陈	称	成	吃	尺	虫	重	出	除	穿	船	闯	此	次
从	村	寸	错	大	打	带	代	但	当	党	到	道	的	得	等	地
第	点	电	调	掉	定	顶	动	东	度	短	段	对	队	吨	多	夺
而	法	发	凡	反	放	防	非	飞	分	份	风	封	否	副	富	该
改	干	敢	刚	钢	高	搞	各	个	给	根	跟	更	公	共	够	故
股	挂	管	关	光	广	归	过	国	还	海	汉	含	行	好	号	和
合	黑	很	横	红	后	户	化	话	坏	换	黄	会	回	活	或	及
几	加	假	间	件	将	讲	较	教	节	届	斤	进	经	竟	就	旧
据	举	卷	绝	均	军	卡	开	看	靠	可	肯	空	口	苦	哭	快
块	宽	矿	拉	来	蓝	老	了	类	里	离	连	联	两	量	另	领
流	留	楼	路	率	乱	落	马	买	卖	满	漫	忙	没	每	米	密
面	棉	秒	民	名	命	末	某	亩	那	拿	乃	难	男	内	能	你
泥	年	您	浓	弄	女	怕	派	排	旁	跑	配	喷	碰	批	皮	片
篇	破	其	期	前	千	强	抢	且	亲	请	轻	求	去	区	全	权
却	确	然	染	让	热	人	仍	日	如	入	若	弱	塞	散	色	杀
山	善	上	伤	少	稍	社	设	深	身	生	升	使	时	受	收	数
书	双	水	顺	说	似	死	送	宋	素	速	算	虽	岁	所	他	她
太	台	谈	唐	糖	套	特	题	提	天	田	条	跳	铁	听	停	同
通	头	投	图	土	团	推	退	脱	无	挖	外	完	万	往	望	为
位	问	文	我	系	下	现	向	想	小	笑	写	新	信	星	修	需
须	选	以	已	压	言	沿	样	要	也	页	因	引	应	用	有	由
于	与	原	元	月	运	云	在	再	早	则	占	站	长	着	找	着
者	真	正	之	只	中	种	周	住	主	抓	转	传	装	准	自	字
总	走	组	最	作	做	乘	处	即	省	神	唯	县	又	於	争	是

四、练习方法与录入技巧

练习过程中要注意区分高频特定字与双音略码的录入规则，高频特定字是左手击打功能码（X 或 W），而双音略码是右手击打功能码。另外，对于“是”和 10 个三级高频特定字需要集中进行记忆，一级和二级可以在日常文章练习过程中进行积累，“集中记忆、分散记忆、边打边记”相结合，效果更好。

专题七

法言法语训练

一、实训目的

1. 熟练掌握常用法律词汇的击键方法；

2. 总结联词消字等知识点；

3. 通过反复练习，达到录入准确率100%，速度120字/分以上。

二、实训条件

多媒体计算机；连接亚伟中文速录机，且安装亚伟中文速录配套软件（亚伟输入法、亚伟练习系统等）；或者配备标准键盘，安装需要的输入法。

三、实训过程与要求

熟练录入下列词语，在保证准确率的前提下，速度达到100字/分以上。

版权	被告	本权	辩护	辩解	标的	裁定	撤诉	承诺	传唤	传票
从犯	从物	从债	答辩	代理	逮捕	典权	调解	定金	动产	二审
罚金	法人	犯罪	附合	改判	公诉	供述	股权	管辖	管制	惯犯
合同	和解	缓刑	回避	混合	羁押	既遂	加工	假释	监护	减刑
结婚	拘传	拘留	拘役	举证	决标	开标	开庭	勘验	抗诉	客体
扣押	累犯	离婚	立案	立功	量刑	免刑	民法	拍卖	判决	陪审
破产	期间	起诉	侵权	情节	商标	上诉	赦免	时效	书证	数罪
死缓	死刑	送达	搜查	诉权	诉状	提审	添附	通缉	投标	退赃
违约	未遂	物权	物证	刑罚	刑法	刑事	刑种	行刑	宣判	训诫
讯问	要约	一审	遗产	遗赠	遗嘱	预备	原告	原物	再审	赃款
赃物	债权	债务	招标	侦查	证据	证人	证言	执行	质权	质证
中止	终审	仲裁	重婚	主犯	主体	主物	主刑	主债	专利	追赃
孳息	自首	自诉	罪数							

帮助犯	绑架罪	爆炸罪	被告人	被害人	本代理	编辑权	变动权
辩护人	标的额	标的物	表演权	别除权	播放权	不动产	不起诉
财产法	财产权	财产刑	裁定书	采矿权	撤销权	程序法	持续犯
出版权	处分权	从合同	从权利	从物权	答辩状	代罚制	代理人
代位权	单罚制	单一物	担保法	当事人	盗窃罪	抵销权	抵押权
抵押物	第三人	调解书	独任制	赌博罪	对世权	发表权	发明权
发现权	发行权	翻译权	放火罪	诽谤罪	附加刑	附期限	附条件
复代理	复制权	改编权	公法人	公诉人	共有权	国内法	合成物
合议庭	合议制	回赎权	婚姻法	集合物	既得权	继承权	继承人
继续犯	间谍罪	监护人	鉴定人	教唆犯	结合犯	近亲属	经营权
竞合犯	决水罪	绝对权	抗辩权	抗税罪	可分物	连续犯	两罚制
邻接权	流通物	留置权	虐待罪	叛逃罪	赔偿金	期待权	起诉人
起诉书	牵连犯	强奸罪	强行法	抢劫罪	侵占罪	请求权	取回权
权利人	人身权	商标法	商标权	上诉人	上诉审	申请人	审判长
审判员	审委会	胜诉权	失火罪	实体法	实行犯	使用权	收益权
受贿罪	受理费	书记员	署名权	双罚制	私法人	诉讼费	溯及力
所有权	他物权	贪污罪	逃汇罪	特定物	同案犯	偷税罪	投毒罪
投降罪	脱逃罪	违约金	伪证罪	侮辱罪	物权法	吸收犯	洗钱罪
相对权	消耗物	肖像权	胁从犯	刑诉法	行贿罪	形成权	姓名权
修改权	遗弃罪	义务人	再代理	债权人	债务人	展览权	占有权
整理权	支付令	支配权	种类物	重婚罪	主合同	主权利	主物权
助审员	注释权	著作权	专利法	专利权	专属权	转继承	转嫁制
准自首	资敌罪	自然人	自诉人	自物权	调解书	宅基地	养子女
继子女	委托书						

按份共有	按份之债	保管合同	保护管辖	被代理人	被继承人
被监护人	被上诉人	变更之诉	辩护制度	表见代理	并科原则
不当得利	不可分物	不可抗力	不予执行	财产保全	财产关系
财产无主	财团法人	财物债务	仓储合同	撤销缓刑	承揽合同
诚实信用	乘人之危	驰名商标	除权判决	传来取得	传来证据
从轻处罚	从重处罚	代位继承	待证事实	单独代理	单位犯罪
单务合同	单一之债	担保物权	当庭宣判	登记物权	登记债权

抵押合同　地域管辖　调解协议　定金担保　定期宣判　动产物权
动产质权　督促程序　独任审判　发回重审　法定代理　法定继承
法定监护　法定情节　法定物权　法庭辩论　法庭调查　翻译人员
返还财产　犯罪动机　犯罪对象　犯罪构成　犯罪集团　犯罪目的
防卫过当　非法同居　非消耗物　非专属权　附随义务　给付之诉
工业产权　公告送达　公示催告　公诉机关　公益法人　共同代理
共同犯罪　共同共有　共同诉讼　共益债权　故意犯罪　管辖恒定
管辖异议　过失犯罪　合法传唤　合同变更　合同之债　合同转让
恢复原状　婚生子女　级别管辖　技术合同　继受取得　间接故意
间接证据　监视居住　减轻处罚　检查笔录　简单之债　简易程序
鉴定结论　解除期限　解除条件　借款合同　紧急避险　居间合同
举证责任　客观方面　空间效力　劳务债务　立案管辖　立即执行
连带责任　连带之债　两审终审　量刑不当　量刑情节　量刑适当
另行起诉　留置送达　买卖合同　没收财产　免除处罚　免责条款
民事行为　民事主体　排除妨碍　赔偿损失　平等主体　破产财产
破产程序　破产清偿　破产申请　破产债权　破产终结　普遍管辖
普通物权　企业法人　强制措施　强制履行　驱逐出境　取保候审
权利物权　权利义务　权利质权　缺席判决　确认之诉　人身关系
善意取得　商标侵权　社团法人　涉他合同　涉外仲裁　申请撤诉
申请执行　审查起诉　审判公开　审判管辖　审判监督　审判组织
时效效力　实物证据　视听资料　束己合同　数罪并罚　双务合同
司法独立　司法协助　死刑复核　送达回证　诉前保全　诉讼保全
诉讼权利　诉讼时效　诉讼中止　诉讼终结　所有权人　特别程序
特别代理　特别物权　特别自首　提起公诉　提起再审　庭审笔录
投案自首　违法所得　违法行为　违约责任　维持原判　委托辩护
委托代理　委托合同　委托监护　委托送达　委托执行　无偿合同
无名合同　无期徒刑　无权代理　无效合同　无因管理　无罪推定
物权法定　吸收原则　先期违约　先予执行　显失公平　相邻关系
消除危险　效力待定　刑罚裁量　刑罚种类　刑事代理　刑事诉讼
刑事责任　行纪合同　虚假表示　宣告失踪　宣告死亡　宣告无罪
选民资格　选择之债　延缓期限　延缓条件　延期审理　言词证据

验明正身　要式合同　要约邀请　一般代理　一般自首　一物一权
移送管辖　移送执行　遗嘱监护　意思自治　意外事件　营利法人
用益物权　优先管辖　邮寄送达　有偿合同　有名合同　有期徒刑
逾期利息　原审被告　原审原告　原始取得　原始证据　约定物权
越权代理　运输合同　再审被告　再审原告　赠与合同　债的移转
债权让与　债权债务　债务转移　占有物权　侦查终结　正当防卫
证据不足　证人证言　知识产权　执行标的　执行担保　执行和解
执行回转　执行异议　执行中止　执行终结　执行阻却　直接故意
直接证据　指定辩护　指定代理　指定管辖　指定监护　中止审理
终止审理　重大立功　重大误解　重新鉴定　主观方面　属地管辖
属人管辖　注册商标　专门管辖　转交送达　酌定情节　自动投案
自诉案件　自行辩护　租赁合同　最后陈述　罪数形态　罪刑法定
罪刑均衡　作案工具

按撤诉处理　保险诈骗罪　报复陷害罪　暴动越狱罪　暴力取证罪
背叛国家罪　被害人陈述　变造货币罪　不安抗辩权　不动产物权
财产所有权　承包经营权　传播性病罪　串通投标罪　从法律行为
代理审判员　贷款诈骗罪　单位受贿罪　单位行贿罪　倒卖文物罪
多数人之债　法定代理人　犯罪嫌疑人　妨害公务罪　妨害清算罪
妨害作证罪　房屋所有权　放纵走私罪　非登记物权　非法采矿罪
非法经营罪　非法拘禁罪　非法狩猎罪　非法搜查罪　非法行医罪
非合同之债　非婚生子女　非企业法人　非要式合同　非占有物权
分裂国家罪　高利转贷罪　个体工商户　共同诉讼人　故意杀人罪
故意伤害罪　拐骗儿童罪　过失爆炸罪　过失决水罪　过失投毒罪
合同诈骗罪　缓刑考验期　获得报酬权　集资诈骗罪　假冒专利罪
交通肇事罪　结果加重犯　介绍贿赂罪　禁止流通物　聚众斗殴罪
聚众哄抢罪　聚众淫乱罪　军人叛逃罪　可撤销合同　滥用职权罪
利害关系人　虐待部属罪　虐待俘虏罪　挪用公款罪　挪用资金罪
诺成性合同　票据诈骗罪　破产清算组　破坏军婚罪　破坏选举罪
企业经营权　强迫交易罪　强迫卖血罪　强迫卖淫罪　敲诈勒索罪
人民陪审员　商标专用权　商检失职罪　上诉不加刑　申请执行人
审判委员会　生命健康权　实践性合同　司法豁免权　私放俘虏罪

诉讼参与人	诉讼代表人	诉讼代理人	逃避商检罪	逃离部队罪
特定物之债	投敌叛变罪	土地使用权	土地所有权	玩忽职守罪
枉法裁判罪	伪造货币罪	委托代理人	猥亵儿童罪	窝藏包庇罪
诬告陷害罪	无期限物权	无罪过事件	物上代位权	限制流通物
刑事裁定书	刑事判决书	刑事诉讼法	刑讯逼供罪	虚假广告罪
寻衅滋事罪	徇私枉法罪	医疗事故罪	有期限物权	债权人会议
战时自伤罪	招摇撞骗罪	知识产权法	职务侵占罪	指定代理人
种类物之债	主法律行为	助理审判员	孳息收取权	走私假币罪
走私文物罪	组织卖淫罪	组织越狱罪		
被申请执行人	必要共同诉讼	剥夺政治权利	不当得利之债	
单方法律行为	对单位行贿罪	多方法律行为	犯罪构成要件	
夫妻共同财产	附带民事诉讼	格式条款合同	技术服务合同	
技术开发合同	技术转让合同	技术咨询合同	家庭共有财产	
建设工程合同	劫持航空器罪	举证责任倒置	民事法律关系	
民事法律事实	民事连带责任	民事权利能力	民事行为能力	
破产宣告程序	破坏性采矿罪	侵犯著作权罪	权利不得滥用	
涉外民事诉讼	双方法律行为	无偿法律行为	无效民事行为	
无因管理之债	先履行抗辩权	限制加重原则	效力未定合同	
信用卡诈骗罪	信用证诈骗罪	刑事责任能力	刑事责任年龄	
要式法律行为	遗赠扶养协议	有偿法律行为	责令退出法庭	
诈骗罪抢夺罪	宅基地使用权	重新登记债权	走私核材料罪	
保护作品完整权	不要式法律行为	传播淫秽物品罪	传授犯罪方法罪	
打击报复证人罪	颠覆国家政权罪	丢失枪支不报罪	非法持有毒品罪	
非法出售发票罪	非法侵入住宅罪	非法占用耕地罪	非法组织卖血罪	
故意毁坏财物罪	故意损毁文物罪	过失损毁文物罪	过失致人死亡罪	
过失致人重伤罪	环境监管失职罪	假冒注册商标罪	金融凭证诈骗罪	
聚众持械劫狱罪	农村承包经营户	虐待被监管人罪	挪用特定款物罪	
诺成性法律行为	骗取出境证件罪	骗取出口退税罪	破坏电力设备罪	
破坏监管秩序罪	破坏交通工具罪	破坏交通设施罪	破坏生产经营罪	
强迫他人吸毒罪	强迫职工劳动罪	侵犯商业秘密罪	侵犯通信自由罪	
扰乱法庭秩序罪	容留他人吸毒罪	煽动分裂国家罪	商检徇私舞弊罪	

实践性法律行为　私放在押人员罪　私分罚没财物罪　私分国有资产罪
逃避追缴欠税罪　同时履行抗辩权　危险物品肇事罪　违法发放贷款罪
违令作战消极罪　无民事行为能力　武器装备肇事罪　消防责任事故罪
协助组织卖淫罪　虚报注册资本罪　遗弃伤病军人罪　遗弃武器装备罪
遗失武器装备罪　引诱幼女卖淫罪　隐瞒境外存款罪　有价证券诈骗罪
战时临阵脱逃罪　战时违抗命令罪　战时造谣惑众罪　重大飞行事故罪
重大责任事故罪　走私固定废物罪　走私贵重金属罪　走私淫秽物品罪

四、练习方法与录入技巧

在庭审过程中，会遇到大量的法律专业词汇，作为书记员，需要通过字音判断字形，要能听得懂、打得准，这就要求同学们对基本的法言法语要做到熟练录入。除了上述给出的词汇以外，同学们还要通过大量文章的练习多总结、多积累，形成自己的法律词库。

练习中给出的词语必须依照字形正确击打，可以运用略码、联词消字或选词等录入技巧，看打、听打练习交替进行。

专题 八

数字与数学符号的使用

一、实训目的

1. 熟练掌握阿拉伯数字、数学符号键盘及其转换与操作；

2. 掌握亚伟码中汉字大小写特定音节码；

3. 通过反复练习，达到录入准确率98%，速度140字/分以上。

二、实训条件

多媒体计算机；连接亚伟中文速录机，且安装亚伟中文速录配套软件（亚伟输入法、亚伟练习系统等）；或者配备标准键盘（含数字小键盘）安装需要的输入法。

三、实训过程与要求

（一）知识点提示

1. 亚伟速录机阿拉伯数字、数学符号键盘的操作。操作亚伟速录机时，左手按住"XN"，右手击打相应键位，显示数字和小数点；右手按住"XN"，左手击打相应键位，显示数学符号，键位分布如图3所示。

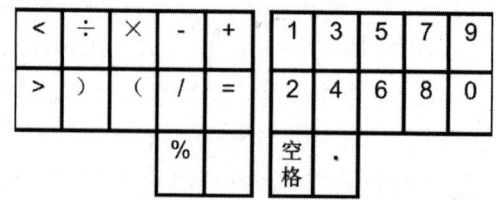

图3 亚伟速录机数字与数学符号键盘

2. 中文大小写数字亚伟特定码。中文小写数字的特定码有两种构成方式，一种直接在音节码上加一个"W"，包括一、二、五、七、十；另一种在加"W"

的基础上又进行了码位的省略，包括三、四、六、八、九、零。编码详见表8。

表8　中文小写数字亚伟编码

编码	数字	编码	数字	编码	数字
WI	一	WEO	六	WO	○（零）
XWE	二	XGWI	七	WIO	百分之
WN	三	BW	八	WIAN	千分之
ZW	四	GW	九		
WU	五	XZW	十		

中文大写数字的特定码，是右手击打相应的小写数字特定码，同时左手击打"W"。编码详见表9。

表9　中文小写数字亚伟编码

编码	数字	编码	数字	编码	数字
W：WI	壹	W：WEO	陆	W：WO 或 WO	○
W：XWE	贰	W：XGWI	柒	W：WIO	佰
W：WN	叁	W：BW	捌	W：WIAN	仟
W：ZW	肆	W：GW	玖		
W：WU	伍	W：XZW	拾		

3. 出版物上数字用法的规定。

（1）选用阿拉伯数字：

● 用于计量

示例：125.03　34.05%　1：500　97/108　523.56千米　346.87升　40度

● 用于编号

示例：电话96533　邮编100871　302路公交车　97号汽油

（2）选用汉字数字：

● 非公历纪年——干支纪年、农历月日、历史朝代纪年及其他传统上采用汉字形式的非公历纪年等，应采用汉字。示例：

丙寅年十月十五日　庚辰年八月五日　秦文公四十四年　太平天国庚申十年九月二十四日　清咸丰十年九月二十日　正月初五　藏历阳木龙年八月二十六日八月十五中秋　腊月二十三

● 概数——数字连用表示的概数、含"几"的概数，应采用汉字数字。

示例：

三四个月　一二十个　四十五六岁　七八万套　五六十年前　一百几十

几万分之一　九十几

● 已定型的含汉字数字的词语

示例：

万一　一律　一旦　三叶虫　四书五经　星期五　四氧化三铁

不管三七二十一　六方会谈　八国联军　七上八下　一心一意

一方面　二百五　相差十万八千里　八九不离十　半斤八两

五省一市　五讲四美　五四运动　不二法门　二八年华

白发三千丈　十一届全国人大一次会议

（3）选用阿拉伯数字与汉字数字均可：

示例：

17 号楼（十七号楼）　3 倍（三倍）　第 5 个工作日（第五个工作日）

1/3（三分之一）　100 多件（一百多件）　0.5（零点五）

约 300 人（约三百人）　第 25 页（第二十五页）

共 230 位同学（共二百三十五位同学）　20 余次（二十余次）

50 上下（五十上下）　76 岁（七十六岁）　40 左右（四十左右）

50 多人（五十多人）　第 8 天（第八天）　下午 4 点 40 分（下午四点四十分）

4 个月（四个月）　公元前 8 世纪（公元前八世纪）

20 世纪 80 年代（二十世纪八十年代）　第 45 份（第四十五份）

第 4 季度（第四季度）　120 周年（一百二十周年）

公元 253 年（公元二五三年）　12 天（十二天）

1997 年 7 月 1 日（一九九七年七月一日）

 Tips

在实际工作中，以符合语法规则为前提，为了提高录入效率，一般选用阿拉伯数字录入。

阿拉伯数字"0"有"零"和"〇"两种汉字书写形式，用作计量时，书写形式为"零"，用作编号时，书写形式为"〇"，例如"三千零五十二个、公元二〇一二年"。

4. 法律文书中数字的用法。

（1）应使用汉字的情况：

● 引用的法律条、款、项。

● 文书主文的序号。

● 文书尾部的时间。

（2）应使用阿拉伯数字的情况：

● 案号，如"（2014）济民初字第 189 号""（2016）鲁 0102 民初 105 号"。

 Tips

自 2016 年 1 月 1 日起将启用新版案号编排规则，为："（收案年度）＋法院代字＋类型代字＋案件编号"。其中"收案年度"是收案的公立自然年，用阿拉伯数字表示；"法院代字"是案件承办法院的简化标识，用中文汉字、阿拉伯数字表示；"类型代字"是案件类型的简称，用中文汉字表示；"案件编号"是收案的次序号，用阿拉伯数字表示。具体规则及代字表详见《关于人民法院案件案号的若干规定》及配套标准。

● 地址、门牌号，如"二环东路 6997 号"。

● 除文书尾部的时间以外的公历年代、年、月、日和时刻，如 2016 年 3 月 8 日下午 2 时 50 分。

● 统计表中的数值和量值，包括正负整数、分数、小数、百分比、比例等，如 48、－123、50%、1/2、7:9、650 克、11 个月、35 岁、24 元、8 千米。

● 引用法律、法规及司法解释条文时，原文中是阿拉伯数字的。

（3）使用阿拉伯数字应注意的问题：

● 一个用阿拉伯数字书写的多位数不能断开移行，如"100000"不能一行末写"100"，又在一下行开头写"000"。

● 年份不能简写，如"2015 年"不能写成"15 年"。

● 五位以上的数字，尾数有多个"0"的，可以"万""亿"为单位缩写，如"50000"可写成"5 万"，"123000000"可写成"12300 万"或"1.23 亿"。

（4）计量单位的用法：

● 计量单位书写汉字，不使用英文符号。

● 长度计量单位名称采用"毫米、厘米、米、千米、海里"，不使用"寸、尺、丈"。

● 质量计量单位名称采用"毫克、克、千克、吨"，不使用"斤、两"。

● 时间计量单位名称采用"秒、分、时、日、周、月、年"，不使用"点、刻"。

● 体（容）积计量单位名称采用"升、毫升、立方米"。

（二）实训内容

1. 双手并击表8、9中的数字特定码，反复练习，直到熟练为止。

2. 把下列阿拉伯数字和数学符号打准、打熟。

1 2 3 4 5 6 7 8 9 0 0 9 8 7 6 5 4 3 2 1

12 23 34 45 56 67 78 89 90 14 36 58 70

13 24 57 68 79 80 15 26 37 48 59 60 17 28 39 40

1.2 3.4 5.6 7.8 9.0 8.2 6.3 2.7 4.1

2016 4761 1997 5876 3241 9658 0285 370124

+ − * ÷ = / % < > （ ）

98 > 78 45 < 54 56 < 82 45 > 20 2/5 4/9 2/7 3/8 1/9 4/3 45%
128% 2.5%

2 + 3 = 5 89 − 45 = 44 40/5 = 8 （1 + 4）/5 = 1

3. 读准下列数字词语及汉字词语，反复练习，打准、打熟。

80 步 100 亩 214 只 45 副 85 尺 5 起 2 时 41 日 87 个字 13 次
52 盒 56 克

一章 二进 三分 四肢 五步 六亩 七起 八行 九根 十批

二〇一六年 一九九八年 2015 年 12 月 31 日 1987 年 3 月 8 日

百分之五点七 千分之十四 百分之四十二 千分之三点五 增长 23.6%

壹仟贰佰伍拾陆元整 柒万叁仟肆佰玖拾捌元

Tips

须联词消字定字的：克（服）、步（步）、起（来）、（纸）盒。

单音词须特定的："只（W：Z）、亩（X：XB）、时（W：XZ）、字（W：
DZ）、次（W：BDZ）、尺（W：BZ）。"

击打数字时，如其后没有标点符号或汉字时，则须加击功能码"X"。

4. 下面这段话共94个字，首先要求读准，然后通过用亚伟码反复规范地听
打、看打，是要求每分钟100字以上。

四是四，十是十；

十四是十四，四十是四十；

别把四十说喜席，别把十四说席喜。

要想说好四和十，全靠舌头和牙齿。

要想说对四，舌头碰牙齿；

要想说对十，舌头别伸直。

认真学，常练习，十四、四十、四十四。

5. 将"出版物上数字用法的规定"（见第39页）中涉及的词语读准、打熟。

6. 将下列案号读准、打熟。

（2016）鲁 0124 民初 321 号　　　（2017）鲁 01 民终 456 号

（2018）鲁 02 民申 78 号　　　　（2016）苏 0381 刑初 147 号

（2017）黑 07 刑终 258 号　　　　（2018）浙刑核 36 号

（2016）辽 7104 行初 159 号　　　（2017）内 09 行终 824 号

（2018）京行抗 1213 号

7. 数字强化练习（看功练习）。

（1）五位数。

75778	96091	73637	17872	14684	40901	22495	34301	46549
58537	10507	92279	68925	89235	42019	95611	21290	21960
86403	44181	59813	62977	47713	09960	51870	72113	49536
99837	29780	49951	05973	17328	16096	31859	50244	59455
34690	83026	42522	30825	33446	85035	26193	11881	71010
00313	78387	52886	58753	32083	81420	61717	76691	47303
59825	34904	28755	46873	11595	62863	88235	37875	93751
95778	18577	80532	17122	68066	13001	92787	66111	95909
21642	01989	61584	27608	08254	81527	78240	65482	50728
74252	74953	80764	71485	45087	98261	25681	46503	15429
09175	36598	83649	92784	80754	40719	38094	84231	57327
65091	16807	76324	94126	60537	40719	81539	93417	63758

（2）六位数。

671116	656195	478263	396788	786557	188953	775884	964499
140986	101162	280442	043255	651002	049626	588725	977474
808643	676168	017724	345283	896216	461694	013043	397846

271358　794557　360873　244677　562915　322111　805606　286111
212370　495429　144534　431717　977079　943806　080948　746942
379092　273910　967057　488844　332560　578185　339036　564909
784525　447085　899612　476578　317855　757495　165857　589886
064746　566036　943713　582599　033362　827093　215522　487819
671029　849157　566078　845857　222964　088529　236176　737171
135270　200363　155473　141412　767112　638462　385809　457253
083481　196492　230265　418817　760168　729846　930332　596222
665491　562582

（3）七位数。

9326999　6233850　9913662　1836322　3583613　8093968　7835716
9422538　7755876　8834833　8286453　6200845　3826935　6067285
1637528　9965825　1691250　7994972　4670916　2830657　2560812
6502254　6553749　9769046　7737773　6180201　3671952　5348884
5169615　3811535　4006587　9228533　6866877　6402108　1271412
4252396　4829331　9549263　2620593　9036318　3790733　9894931
8983400　4299694　3139008　4836807　8957308　6920852　1122756
5396725　2251570　9323316　3758525　8221230　7788218　5025478
1976586　4482021　3969933　4126482　2073297　3263802　6246456
5530346　6383100　6026954　6596917　1986398　1427219　7712975
3918837　1165279　6727743　4187478　7988251　1039918　2976846
1894599　5281837　5154050　4190333

（4）八位数。

25380961　90869552　17901920　27192718　76595546　96161973
48746756　59687998　61718299　26259399　99123405　06178585
21819081　82448997　36100959　79077041　24127447　89836876
56530497　20191578　13323733　85236245　18892287　87569513
40164838　13059207　19563633　48336356　43170537　10711031
29073815　32864379　93966945　29600497　61050724　98686908
75281473　74587693　82325582　24650481　54280868　36690936
52993914　80850550　77838092　26054359　15359440　46751332

48079233　17851261　25413994　58373816　13262736　76914668

21784590　94343213　47225342　72985275　36844117　91606047

44266791　55916280　79231877　78434062　67750619　86869087

52814737　45876938　23255822　46504815　42808683　66909365

（5）九位数。

299391480　850550778　380922605　435915359　440467513

324807923　317851261　254139945　837381613　262736769

146682178　459094333　412472253　427298527　536844117

916060474　426679155　916280792　318777843　406267750

619868690　875281473　745876938　232558224　650481542

808683669　093652993　948085055　077838092　260543591

535944047　751332480　723317851　261254139　945837381

613262736　769146682　178459094　341247233　253427298

527536844　117916060　474426679　280792318　784340626

706198687　769087528　147374587　693758232　558224650

481542808　836690936　529939148　085055077　838092260

543591535　944046751　332480792　331785126　152545916

139945837　381613262　736769146

（6）十位数。

1415926535　8979323846　2643383279　5028841971　6939937510

5820974944　5923078164　0628620899　8628034825　3421170679

8214808651　3282306647　0938446095　5058223172　5359408128

4811174502　8410270193　8521105559　6446229489　5493038196

4428810975　6659334461　2847564823　7867831659　2712019091

4564856692　3460348610　4543266482　4881520920　9628292540

9171536436　7892590360　0113305305　4882046652　1384146951

9415116094　3305727036　5759591953　0921861173　8193261179

3105118548　0744623799　6274956735　1885752724　1339360726

0249141273　7245870066　0631558817　8912279381　8301194912

9833673362　4406566430　8602139494　6395224737　1907021798

6094370277　0539217176　2931767523　8467481846　7669405132

0005681271　4526356082　7785771342

（7）十一位数（模拟手机号）。

15866670147	15953130258	15653040369	15866790321	15866783216
15866772165	15066769885	15166756418	15267456740	15866731654
15264141540	15264150175	15854150286	15954161480	15254102587
15254183470	13675313581	15347486981	13065086871	13765095984
13066005974	13066015876	13866057435	13265065412	18575305219
13965055880	13075325669	13575335447	13075349310	13075359213
13361059105	18653159204	15331288106	13345138704	15335418302
15336408201	15336417788	15339953668	15339967306	15345313502
18905315312	18905416514	18906406403	18906415418	18906446315
15331278536	13435115490	18653186400	18653190640	13305314530
13906450531	13708921369	13864153137	18534069808	

（8）十二位数（模拟座机号）。

055964194066	031168573311	059268301241	052368301802
085463417425	074563543740	063163417436	063563543711
053966597385	057866597388	045866558001	059751843421
031068301671	055163202114	056158881800	031958934114
085168551114	071265292114	039684201114	037684228794
081864193366	093762046622	095262083114	051451847023
039651841852	035472685489	037167788787	028386781573
053166161799	031768579889	053168508738	053263984662
053363984655	053468579889	031968579889	035168977288
056265368383	053563523600	079163073111	045363076206
052068650468	042765252000	073765252000	039668650468
071668502937	091166096145	037159007375	081359595786
089168501136	063268304532	053665204333	053784039250
053826829940	063263205050	037165254722	039864192512
071267347472	073164192079	041264194511	045164192810

（9）十八位数（模拟身份证号）。

220723198208139117　370322197801242553　410402197705259379

511503197806064293 621123198205158251 150922199106214076

13068319920917679X 532524198701176333 37110319871105807X

330101198703266812 37078219790719173X 130531198612071350

510781199111222253 150724198804262056 500113198304155098

120223198902105194 441801197902224076 441702198908094810

37078119820210469X 341321199407126472 320830198304041892

520221199405084771 320204197811165793 522632198410257639

210123198709164789 450404197610234107 422826199406018103

130930199107119528 510701198303232142 430603198807033064

370881197612032183 510682198604083884 53012219890913374X

41172819931125460X 440282197607118320 330802198707044744

320482199211254601 441303197609197406 330201198809209942

370724199408273461 510113199202285621 41070319821204708X

150924198610251587 610726199203226429 130727198009277828

430581198802078582 520122197710231485 130183198810167323

（10）小数点、百分号。

6. 827	17. 84	59. 09	43. 33	41. 24	72. 25	34. 27	2. 985
275. 3	6. 844	117. 9	160. 6	0. 474	42. 63	6. 791	559. 1
6. 280	79. 23	18. 74	77. 84	34. 06	26. 77	5. 061	986. 8
6. 908	7. 528	1. 473	745. 8	76. 93	8. 232	55. 82	246. 5
0. 481	542. 8	0. 868	3. 661	9. 093	65. 29	939. 1	4. 808
5. 055	7. 783	80. 92	2. 605	43. 59	1. 539	5. 944	0. 4675
1. 33	248. 7	0. 923	317. 8	512. 6	12. 54	1. 399	45. 83
7. 381	61. 32	627. 3	67. 69				

2. 318%	7. 778%	43. 04%	0. 626%	7. 705%	61. 98%	6. 869%
0. 875%	28. 14%	7. 374%	5. 293%	9. 148%	850. 5%	0. 783%
8. 092%	26. 05%	435. 9%	1. 535%	0. 944%	0. 467%	51. 33%
24. 07%	8. 923%	317. 8%	51. 26%	125. 4%	13. 99%	458. 3%
7. 381%	613. 2%	146. 63%	82. 174%	8. 4529%	0. 9473%	334. 15%
2. 4672%	25. 234%	27. 259%	8. 5027%	7. 5346%	844. 51%	17. 921%
6. 0364%	74. 492%	66. 759%	15. 529%	0. 1642%	801. 79%	50. 876%

0.9382%　23.275%　580.22%　4.6504%　81.548%　28.086%　83.669%
0.0936%

四、练习方法与录入技巧

在日常工作中，数字是制约整体录入速度的因素之一，而数字出现的频率又相当的高，因此要加紧练习，避免其成为短板，影响整体工作效果。对于数字练习的内容，除了上述给出的部分练习外，大家也可以自己编制一些行业常用的数字文件进行练习。在练习的方法上，首先要熟悉数字键盘，做到盲打不出错，保证准确率，在此基础上提升速度。可使用限时击键法来进行提速训练，如限时 4 分钟，依次击打 1 ~ 99 的数字，坚持每天练习两组，直到超过 6 遍视为过关，然后将击打内容更换为 0.1 ~ 0.99、1% ~ 99%、0.1% ~ 0.99% 等，依次递进，练习更复杂的内容。

数字练习应着重抓好三个基本功：熟练键位、连贯练习、看功练习。连贯练习主要强调录入每一串数字时的节奏。而在练习过程中，大家往往只注意手指击键频度，而忽略了"看功"的训练，要学会一眼能读出一串数字、一个单词或一句中文语句，才不会影响录入速度。用数字串练习看功是最好的练习方法，一般从五位数开始，逐渐增加到十位数以上。看功可作为业余练习，每天坚持 10 分钟即可。

本节中的内容，不论使用速录机或者标准键盘都可进行练习。使用普通键盘的学员可遵循下列步骤进行练习。

数字键练习分为主键盘数字键练习和副键盘（或称数字键盘）数字键练习。主键盘上的数字键用双手击键，副键盘上的数字键用右手单手击键。

（1）主键盘的数字键练习——左手食指管理"4、5"两键，右手食指管理"6、7"键，其余手指依次对应其他各数字键。手指在击键后应当及时回到基准键位上。

（2）副键盘的数字键练习——保证数字锁定键指示灯亮，如果没有亮，需要按一次"NumLock"键，使小键盘区为数字输入状态。首先右手中指放在小键盘的"定位键"5 上，该键下边有凸起的短横杠，便于触摸定位，其他手指依次摆放，大拇指负责"0"键，食指负责"1、4、7"和"NumLock"键，中指负责"2、5、8"和"/（除）"键，无名指负责"3、6、9"和".（小数点）、*（乘）"键，右侧的"-（减）、+（加）、Enter（回车键）"三个键由小指负责。如图 4 所示。

图 4　标准键盘数字键区

按照上述内容规定的指法指导，反复练习，只需一天，就可以不看键盘，凭着键位记忆，进行盲打操作了。

专题九

英文键盘的使用

一、实训目的

1. 熟练掌握英文字符的击键方法。

2. 准确区分大小写标志码。

3. 通过反复练习，达到录入准确率 100%，速度 140 字/分以上。

二、实训条件

多媒体计算机；连接亚伟中文速录机，且安装亚伟中文速录配套软件（亚伟输入法、亚伟练习系统等）；或者配备标准键盘（安装需要的输入法）。

三、实训过程与要求

（一）知识点提示

操作亚伟速录机时：

左手击"XU"，右手同时并击表 10 中的亚伟码，屏幕显示相应的大写英文字母；

左手击"XUE"，右手同时并击表 10 中的亚伟码，屏幕显示小写英文字母。

表 10　英文字母编码

编码	字母	编码	字母	编码	字母	编码	字母
A	A/a	B	B/b	BZ	C/c	D	D/d
E	E/e	XBU	F/f	G	G/g	XG	H/h
I	I/i	GI	J/j	XBG	K/k	XD	L/l
XB	M/m	N	N/n	O	O/o	BG	P/p
XGI	Q/q	XBZ	R/r	XZ	S/s	BD	T/t
U	U/u	UE	V/v	W	W/w	XI	X/x
IA	Y/y	Z	Z/z				

（二）实训内容

1. 熟练录入下列英文字母，速度达到 140 字/分以上。

A B C D E F G H I J K L M N O P Q R S T U V W X Y Z

a b c d e f g h I j k l m n o p q r s t u v w x y z

A a B b C c D d E e F f G g H h I i J j K k L l M m

N n O o P p Q q R r S s T t U u V v W w X x Y y Z z

2. 熟练录入下列词语，在保证准确率的前提下，速度达到 120 字/分以上。

CPU CMOS Cache Seagate Modem UPS OnboardNIC WirelessKeyboard
NumLoc USB Battery Auto SystemSecurity AdminPassword IT BT DIY
OEM BBS MSN URL OVA VIP SOHO banner bug USA Version
UNESCO UK PRC CHN JPN UN WTO WHO GSM CAO HRD
AGM CEO NMET CET TOEFL IELTS PETS GPS CAAC OPEC AIDS
EMS FVP APEC AFRASEC FTP OPEC SARS BSE DNA TPE HKG
KOR RUS RAM ROM Cache CMOS PCI Seagate DVD HDD Rmb
WLAN UFO Windows7 IOSX Office2010 3G 手机 MP3 播放器 G8 峰会
维生素 B12

3. 熟练录入下列车牌号码，在保证准确率的前提下，速度达到 100 字/分
以上。

京 BA8284	京 EU5368	京 HO6833	黑 C05040	冀 T62809	鲁 CB7207
京 AJ3258	甲 B30606	鲁 M02003	晋 A89586	闽 D41797	津 AG4510
辽 AV7071	京 AV2112	粤 EO9641	京 FW0542	豫 D13516	京 HZ6396
晋 B25769	京 C47735	津 CF6927	京 FP4681	冀 G28519	津 A1372F
京 B2118K	鲁 A1314W	京 FW8210	豫 G28873	京 F25184	吉 A21999
蒙 G53880	京 Z45078	京 F29583	京 CS3969	京 A19076	甲 H11021
浙 AT1566	辽 B34218	蒙 F38547	蒙 A20515	蒙 F14769	京 A91277
京 A96360	冀 RC3865	粤 V2288J	津 E30679	京 AY8360	京 BC9531
京 CH2140	京 FQ0420	冀 J21419	京 CM7988	京 FH2899	京 BE3899
京 FN8809	京 OD2583	青 A27820	冀 F01019	黑 M08800	吉 C18773
冀 C82012	京 FU2996	京 FC9090	京 EY0865	京 EM3976	京 B95280
黑 AC1311	辽 AH200U	午 N37180	冀 RH5995	津 CR9000	京 FQ0009

京 AY9146　　冀 R0671Y　　鄂 F1798Q　　甲 K21556　　蒙 AY9015　　黑 EG6194

陕 JU1291　　京 EP4932　　甲 B1070M　　甲 A02312　　庚 L30163　　甲 B20295

京 GB7998　　京 FY2198　　京 DN5930　　京 CV7882　　京 EA5186　　京 FG5982

使 235289　　鲁 A85199　　冀 E63999　　京 EP3188　　WJ03－03883　WJ01－93381

WJ02－02009

4. 熟练录入下列网址，在保证准确率的前提下，速度达到 100 字/分以上。

http：//gsxt. saic. gov. cn/　　　　http：//bjgy. chinacourt. org/

http：//xoyoto. com　　　　　　http：//sf. taobao. com/

http：//211. 68. 23. 76/a. asp　　　http：//www. dxy. cn

www. cninfo. com. cn　　　　　　www. chinamoney. com. cn

www. 5520. com　　　　　　　www. zjecredit. org

www. baigoogledu. com　　　　　www. szse. cn

www. net－sky. com　　　　　　blog. sina. com. cn

mail. 163. com　　　　　　　　www. 51job. com

bbs. matwav. com　　　　　　　www. agpr. net

四、练习方法与录入技巧

在日常工作中，制约整体录入速度的另一因素就是英文字母了，尤其是英文缩写、车牌号码及网址的录入，大家要反复练习，做到熟练，同时要多积累，形成自己的词库文件。对于字母的练习，大家同样可以自己编制一些行业常用的词汇文件进行练习。在练习的方法上，首先仍然是要熟悉键盘，做到盲打不出错，保证准确率，在此基础上提升速度；同样可使用限时击键法来进行提速训练，依次击打"AaBbCc……Zz"，每分钟重复两遍以上视为过关，每天坚持练习 5 分钟。

使用普通电脑键盘的学员需要注意的是，英文指法是一切输入法盲打的前提和基础，首先要记忆键盘指法，必须通过反复的练习加以记忆，做到盲打。使用普通键盘的学员可遵循下列步骤进行练习。

开始打字前，左手小指、无名指、中指和食指应分别虚放在"A、S、D、F"键上，右手的食指、中指、无名指和小指应分别虚放在"J、K、L、;"键上，两个大拇指则虚放在空格键上。基本键是打字时手指所处的基准位置，击打其他任何键，手指都是从这里出发，并且打完后又须立即退回到基本键位。"F、J"两个键上都有一个凸起的小棱杠，以便于盲打时手指能通过触觉定位。

第一步：将手指放在键盘上（如图5、6所示，手指放在八个基本键上，两个拇指轻放在空格键上）。

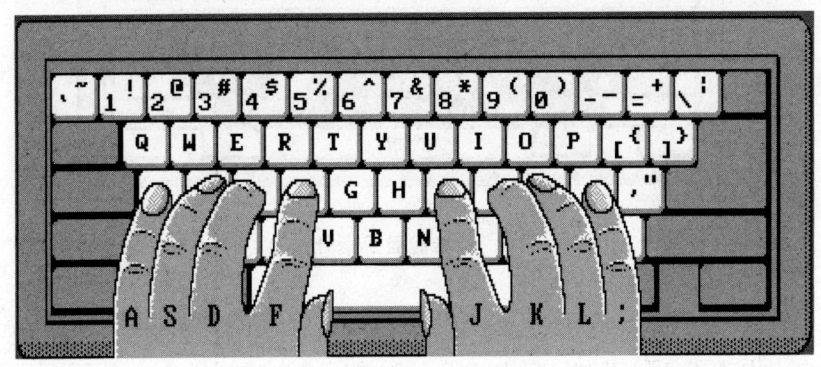

图5 标准键盘基准键

1. 键盘左半部份由左手负责，右半部份由右手负责。

2. 每一根手指都有其固定对应的按键：

（1）左小指："｀""1""Q""A""Z"

（2）左无名指："2""W""S""X"

（3）左中指："3""E""D""C"

（4）左食指："4""5""R""T""F""G""V""B"

（5）左、右拇指：空白键

（6）右食指："6""7""Y""U""H""J""N""M"

（7）右中指："8""I""K"","

（8）右无名指："9""O""L"".""

（9）右小指："0""－""＝""P""［""］""；""'""／""＼"

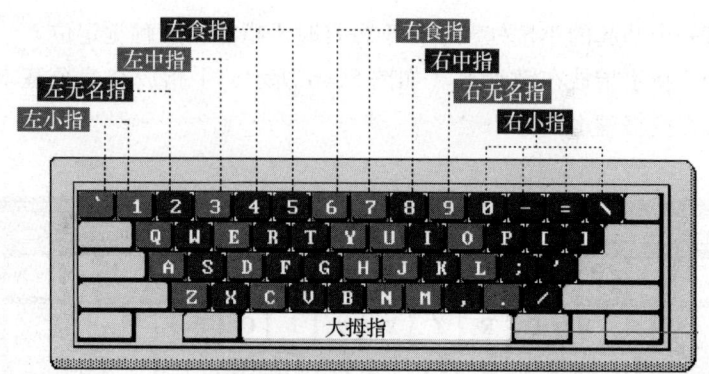

图6　标准键盘手指分工

3. "A""S""D""F""J""K""L"";"八个按键称为"基准键"，是打字时手指所处的基准位置，击打其他任何键，手指都是从这里出发，并且打完后又须立即退回到基准键位。"F、J"两个键上都有一个凸起的小棱杠，以便于盲打时手指能通过触觉定位。

4. "Enter"键在键盘的右边，使用右手小指按键。

5. 有些键具有二个字母或符号，如数字键常用来键入数字及其他特殊符号，用右手打特殊符号时，左手小指按住"Shift"键，若以左手打特殊符号，则用右手小指按住"Shift"键。

第二步：练习击键。

例如，要打"D"键，方法是：①提起左手约离键盘两厘米；②向下击键时中指向下弹击"D"键，其他手指同时稍向上弹开，击键要能听见响声。击其他键类似打法，请多体会。形成正确的习惯很重要，而错误的习惯则很难改。

第三步：练习熟悉八个基本键的位置（请保持第二步正确的击键方法）。

第四步：练习非基本键的打法。

例如要打"E"键，方法是：①提起左手约离键盘两厘米；②整个左手稍向前移，同时用中指向下弹击"E"键，同一时间其他手指稍向上弹开，击键后四个手指迅速回位（如图5），注意右手不要动，其他键类似打法，注意体会。

第五步：继续练习，达到即见即打水平（前提是动作要正确）。

总结：字母练习所需时间约两天（每天6小时），一定要保证达到即见即打水平。

专题十

标点符号强化训练

一、实训目的

1. 熟练掌握标点符号的击键方法。

2. 准确区分语境，正确使用标点符号。

3. 通过反复练习，达到录入准确率100%，速度140字/分以上。

二、实训条件

多媒体计算机；连接亚伟中文速录机，且安装亚伟中文速录配套软件（亚伟输入法、亚伟练习系统等）；或者配备标准键盘，安装需要的输入法。

三、实训过程与要求

（一）知识点提示

1. 常用标点符号音节码，如表11所示。

表11 常用标点符号音节码*

名称	标点	略码	名称	标点	略吗
句号	。	DGI:	逗号	，	:DGI
分号	；	DGIN:	叹号	！	:DGIN
省略号	……	DGIU:	破折号	——	:DGIU
问号	？	ZG:	顿号	、	:ZG
左引号	"	DW:	右引号	"	:DW
左书名号	《	DZIU:	右书名号	》	:DZIU
冒号	：	XBDG:			

*注：省略号和破折号都要占2个字的位置，需要击打键位2次。

文章录入时也常用到括号（），可切换数字键盘录入。

2. 常用标点符号用法解析，如表 12 所示。

表 12　常用标点符号用法解析

标　点	用　　　法
句号（。）	用在陈述句的末尾，表示陈述句完了之后一个较大停顿。
逗号（，）	表示一句话中间的停顿。
分号（；）	表示复句内部并列分句间的停顿。
感叹号（！）	表示感情强烈的句子末了的停顿。
问号（？）	用在一句话的末尾，表示疑问语气。
顿号（、）	表示句子内部最小的停顿，常用在并列的词或词组之间。
引号（""）	表示直接引用的话；表示突出强调；表示特定称谓。
冒号（：）	用在书信、发言稿开头的称呼后面，有引起他人注意的意思；用在"某某说"之后，表示下面是引用的话；用在总括后面的话，表示后面分项说明或表示冒号前面的话引起后面的话；用在解释说明的话之前。
破折号（——）	表示后面是解释说明的部分；表示总结上文；用在副标题前。
省略号（……）	表示引文或引述的话里有省略的；表示列举同类事物的省略；表示静默或思考；表示说话断断续续；表示话未说完，语意未尽。
书名号（《》）	表示书籍、篇章、报刊、剧作、歌曲等名称。

3. 法律文书中标点符号的用法。

• 诉讼参与人称谓与诉讼参与人姓名或名称连在一起，成为一个分句，中间不用标点符号，也不用空格，句后用逗号，如"原告刘某"。

• 诉讼参与人基本情况的表述，同一层意思的，各项之间用逗号隔开，句号结束；数层意思的，各层之间句号隔开。例如，"被告张某，男，1992 年 1 月 8 日出生，汉族，××单位职工，住××市××区××路×号×室"。

• "判决如下""裁定如下"等提示裁判结果的词语后，应使用冒号，裁判结果的各项汉字数字之后用顿号。

• "原告××诉称""被告××辩称""经审理查明""本院认为"等词语后面，凡所提示的下方只有一层意思的用逗号；有数层意思的用冒号。

（二）实训内容

熟练录入表 11 中的标点符号，反复练习，速度达到 140 字/分以上。

四、练习方法与录入技巧

在日常庭审工作中，多以听打为主，正常的语言交流是不会说出标点的，而文稿中是需要的，这就要求书记员不仅要有较高的录入速度，还必须具备较好的文字功底和语法常识，要能够通过说话人的语气、上下文的语境为录入文稿添加合适的标点符号，使行文流畅，便于存档和阅读，而这些都离不开平时大量的文章练习和阅读积累。有些学员，在平时的听打练习中，为了提高录入速度，从不录入标点符号，或者都用逗号来分割，这是极端错误的做法。标点符号的训练，除了集中记忆音节码以外，主要是靠大量的文章听打训练，同学们平时一定要多体会、多总结、多积累，在真正走向工作岗位后，才不至于手忙脚乱。

专题十一

文章校对与功能键训练

一、实训目的

1. 熟练掌握各类功能码的击键方法。
2. 熟练使用功能键进行文章校对。

二、实训条件

多媒体计算机；连接亚伟中文速录机，且安装亚伟中文速录配套软件（亚伟输入法、亚伟练习系统等）；或者配备标准键盘，安装需要的输入法。

三、实训过程与要求

（一）知识点提示

1. 亚伟速录机编辑键盘。左手按住"XNA"时，右手部分就转换为编辑键盘（如图 7 所示），右手并击相应键位，即可实现相应的功能，如表 13 所示。

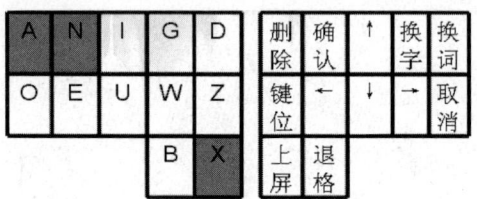

图 7　编辑键盘

表 13　编辑键盘功能解析

音节码	功　　　　能
XNA：X	强制上屏
XNA：B	退格（相当于标准键盘的 Backspace 键）
XNA：D	删除（相当于标准键盘的 Del 键）

续表

音节码	功　　能
XNA：Z	查速录码（当前光标处及前后各 10 个汉字的速录码）
XNA：G	确认（相当于表针键盘的 Enter 键）
XNA：W	左移光标
XNA：E	右移光标
XNA：I	上移光标
XNA：U	下移光标
XNA：N	打开同音字窗口修改当前光标位置上的双音同音词
XNA：A	打开同音双音词窗口修改当前光标位置上的双音同音词
XNA：O	取消操作（相当于标准键盘的 Esc 键）

2. XWU 系列功能码。

表 14　速录机快捷键

速录机	标准键盘	功能
XWU：N	CTRL + N	新建
XWU：XZ	CTRL + S	保存
XWU：XI	CTRL + X	剪切
XWU：BZ	CTRL + C	复制
XWU：UE	CTRL + V	粘贴
XWU：XBU	CTRL + F	查找/替换
XWU：XBW	CTRL + D	造词
XWU：D	CTRL + E	自定义
XWU：I/W/U/E	Shift + 光标	刷黑
XWU：Z	CTRL + Z	撤销
XWU：IA	CTRL + Y	反撤销
XWU：INA		光标至文章首
XWU：UEO		光标至文章尾
XWU：A		单字联想双音词前联想
XWU：O		单字联想双音词后联想

3. XU 系列功能码。

表 15　XU 系列功能码解析

速录机	标准键盘	功能
XU：XZEO	Home	光标至行首
XU：XBO	End	光标至行末
XU：INA	PageUp	光标至上一页
XU：UEO	PageDown	光标至下一页
XU：BZA	Insert	插入状态

4. 其他功能码。

表 16　其他功能码解析

音节码	功能
W：	消除词组的第一个字
：W	消除词组的第二个字
W：W	见字消字，见词消词。
：X	空格
X：	删除输入框内未上屏的字
X：W/W：X	强制上屏
：XBW	回车换行空两字符
XBW：	回车换行
WUE/WUEO	拼音功能码
ZWUE：	启动狂拼输入
：ZWUE	关闭狂拼输入
XNXN	形码

（二）实训内容

熟练使用表 13、14、15、16 中的功能码，反复练习，做到编辑文章脱离鼠标。

四、练习方法与录入技巧

为了更快速的录入和校对文稿，我们在工作过程中要尽可能地不脱离键盘、不使用鼠标（尤其是"辅打"），这就要求我们对基本的编辑功能码和快捷键进行记忆和练习。在日常训练时，要有意识的脱离鼠标的使用，能用编辑功能码的绝不用鼠标操作，久而久之就能够摆脱对鼠标的依赖，提升录入速度了。

专题十二

语段提速训练

一、实训目的

通过对语段的看打、听打训练，练习综合运用各种录入技巧、正确使用标点符号、克服普通话中容易读错的字，要求准确、快速地完成任务，达到较快的打字速度。

二、实训条件

多媒体计算机；连接亚伟中文速录机，且安装亚伟中文速录配套软件（亚伟输入法、亚伟练习系统等）；或者配备标准键盘（安装需要的输入法）。

三、实训过程与要求

（一）知识点提示

语段提速训练可按下列步骤进行：

（1）把用来进行速度锻炼的材料全文读准确。

（2）对材料中的略码、联词消字、选词等做出标记。

（3）根据录入技巧进行操作，直到熟练自如的程度。

（4）根据材料的总字数（包括标点符号），按规定的录入方式及达标要求，把全文以1分钟为单位依次点好字数，标上不同的记号。

（5）根据具体情况，以1分钟为单位，按规定录入方式，由慢到快地反复听打和看打（一般可分为3个档次：低标速——低于达标分速10个字；达标速——对该段材料所提出的训练目标；超标速——超过达标分速10个字。每完成一次录入，随后均须与原文进行核对，下同），直到达到确定的要求为止。

（6）按规定的录入方式及要求，再以全篇为单位，由慢到快地（也可分上述3个档次）反复进行听打与看打，直到达到确定的要求为止。

（7）按达标速的要求进行听打与看打的考评。

（二）实训内容

1. 下面这篇短文共 677 个字。首先要求读准，然后综合运用各种录入技巧，反复练习，看打听打交替进行，要求准确、熟练，准确率 98%，速度 200 字/分以上。

承认不足努力学习

我们的改革，已经发展到了整体推进和重点突破相结合的新阶段，涉及经济、政治、文化、社会生活等各个领域。现在，大家都感到形势发展很快，新问题很多，棘手的事情很多，工作的难度加大了。这说明，创造一种崭新的经济体制，进一步解放和发展生产力，加快社会主义现代化建设的步伐，对我们的理论水平、政策水平、知识水平、工作水平，都提出了新的更高的要求。我们不熟悉、不懂得的东西很多。怎么办呢？出路就在于承认自己的不足，老老实实地学习，努力掌握新知识，不断增长新本领。当今世界，竞争激烈，核心是经济实力和综合国力的竞争。从一定意义上说，也是人才的竞争，是领导者的能力和民族素质的竞争。在激烈的国际竞争中，要抓住时机，发展自己，始终立于不败之地，我们必须努力工作，同时也必须努力学习。像我们这样一个大党、大国和人口众多的民族，如果没有科学理论的武装和对各种新知识的掌握，就不可能有真正的腾飞，不可能有现代化的前途。所以学习问题，不仅关系到广大干部自身的进步，而且关系到国家、民族的兴衰和社会主义现代化事业的成败。我们全党全民族都必须有这个共识。当前，从领导工作的要求来说，最根本的是要学习建设有中国特色社会主义的理论，同时要努力学习社会主义市场经济的基本知识和有关方针政策法律法规，学习现代科学技术的基本知识，还要学习中国历史特别是近现代史和世界社会主义历史的经验。要努力学习和掌握贯彻在邓小平同志著作中的辩证唯物主义、历史唯物主义的科学世界观和方法论。有了正确的立场、观点、方法，对党的路线方针政策和各项改革方案就比较容易全面正确地把握，防止片面性、绝对化。

 Tips

亚伟速录技能点提示

● 后置成分：科学、世界、社会主义、唯物主义。

● 双音略码：我们、已经、发展、经济、文化、生活、各个、大家、现在、感到、很快、问题、工作、说明、创造、加快、水平、提出、要求、东西、怎么、在于、学习、领导、能力、民族、自己、必须、努力、这样、如果、没有、武装、问题、可能、真正、而且、关系、国家、根本、建设、比较、同志、方法、正确。

- 三音略码：现代化、特别是、片面性、绝对化。
- 四音略码：经济体制、老老实实、不断增长、当今世界、抓住时机、广大干部、市场经济、方针政策、改革方案、法律法规、科学技术。
- 多音略码：发展生产力、现代化建设、有中国特色、立于不败之地、辩证唯物主义、历史唯物主义、立场观点方法、路线方针政策。
- 须联词消字定字的：办（理）、（正）像、近（来）、观（点）。
- 单音词须特定的：地（X：DI）、者（W：DI）、党（W：DNO）、国（W：GO）、和（X：XG）。
- 须双手并击的：到了、很多、新的、一种、各种、这个、还要、各项、更高、懂得、上说、也是、全党、来说、是要、有了、党的。
- 须分开单击的：的新、就不、和对。
- 打全音码可以捆绑的：相结合、新知识、经济实力、现代史、世界观、方法论、基本知识、近现代史、邓小平、进一步。
- 须在重码提示行中进行选择的：知识（2）、实力（2）。

2. 下面这篇短文共1165个字。首先要求读准，然后综合运用各种录入技巧，反复练习，要求做到准确、熟练，准确率98%，速度200字/分以上。

关于干部的实践锻炼

在实践中锻炼干部，是我们党培养干部的一条根本途径。我们党领导的新民主主义革命和社会主义革命、社会主义建设的实践，锻炼和造就了一批又一批优秀干部。我们正在进行的建设有中国特色社会主义的实践，也是一所锻炼和提高干部的大学校。

在中国实现社会主义现代化，实现中华民族的振兴，是我们的革命先辈梦寐以求的崇高理想，是全国各族人民的共同愿望。这个伟大事业，向各级干部提出了更高的要求，也为他们充分施展聪明才智提供了广阔的舞台。广大干部必须认清自己的历史责任，积极投身到实践中去，坚持全面、正确、积极地贯彻执行党的基本理论和基本路线，扎扎实实地把改革开放和现代化建设推向前进。历史经验反复证明，只有同人民群众相结合，在推动社会主义物质文明和精神文明协调发展的实践中经受锻炼，积累经验，提高素质，增长才干，我们的干部才能健康成长，才能有所作为。对于广大中青年干部来说，加强实践锻炼尤有必要。要特别提倡到改革和建设的第一线去，到基层去，到艰苦的和困难多的地方去，到党和群众最需要的地方去。谁能在这些地方和群众同甘共苦，团结奋斗，做出成绩，就应该受到称赞，他的思想政治素质和业务素质也会不断地得到提高。贪图安逸、不愿意到这些地方去的干部，经不起艰苦环境考验、不能与群众打成一片的干部，不能在实践中克服困难、解决问题的干部，不是党和人民所需要的干部。干部如果不到实践中去经过一番扎实的磨炼，是不可能担当起改革和建设的重任的。

尊重实践必然尊重群众。干部成长的规律表明，那些投身实践并且同群众保持密切联系的干部，大都是成长进步比较快的干部。经常深入实际、深入群众，也有助于我们的干部吃透上情，了解下情，进一步做好各方面的工作，保证党的路线方针政策的贯彻执行。现在有些干部，缺少社会实践的锻炼，对人民群众建设社会主义生机勃勃的创造性实践缺乏了解，群众观点淡漠，同工农基本群众感情疏远，不懂得党的群众路线，不会做群众工作，有的甚至侵害群众利益。这种状况发展下去是十分危险的。必须懂得，我们党所领导的改革开放和现代化建设事业，是人民群众参加的、为人民群众谋利益的事业，只有相信和依靠群众，充分发挥他们的积极性、创造性，才能获得成功。中央一再强调领导干部一定要讲政治。讲政治，就要求坚持尊重群众、尊重实践这个辩证唯物主义和历史唯物主义的根本观点。我们党是全国各族人民利益的忠实代表。不管形势和任务发生怎样的变化，党的工人阶级先锋队性质永远不能变，全心全意为人民服务的宗旨永远不能变，密切联系人民群众的优良传统永远不能变，从群众中来到群众中去的根本工作路线永远不能变。各级干部一定要牢固树立群众观点，想问题办事情要把为人民谋利益作为根本出发点和落脚点，始终保持同人民群众的血肉联系，老老实实向人民学习，真心诚意为人民服务，时刻警惕不要犯脱离群众的错误。

 Tips

亚伟速录技能点提示
• 后置成分：学校、工人阶级、社会主义、唯物主义。

● 双音略码：我们、锻炼、培养、根本、领导、革命、建设、进行、提高、中国、全国、人民、提出、要求、他们、充分、必须、自己、责任、正确、只有、群众、推动、提高、增长、才能、作为、对于、广大、青年、加强、特别、改革、困难、地方、这些、团结、应该、受到、思想、得到、提高、环境、考验、不能、需要、如果、经过、可能、改革、规律、并且、都是、深入、了解、方面、保证、现在、创造、状况、十分、必须、参加、强调、根本、代表、怎样、变化、不能、永远、密切、联系、学习、错误。

● 三音略码：现代化、积极性。

● 四音略码：中国特色、中华民族、梦寐以求、各级干部、广大干部、贯彻执行、基本路线、扎扎实实、改革开放、推向前进、物质文明、精神文明、协调发展、同甘共苦、打成一片、克服困难、解决问题、密切联系、社会实践、生机勃勃、群众观点、群众路线、群众利益、充分发挥、领导干部、优良传统、各级干部、老老实实、脱离群众。

● 多音略码：路线方针政策、现代化建设事业、为人民服务。

● 须联词消字定字的：尤（其）、谋（划）、变（化）、办（理）、犯（法）。

● 单音词须特定的：地（X：DI）、党（W：DNO）、做（W：DZO）、讲（W：GINO）、又（XW：IEO）。

● 须双手并击的：也是、党的、来说、谁能、也会、是不、做好、中来、要把。

● 须分开单击的：也为、中去、他的。

● 打全音码可以捆绑的：创造性、聪明才智、相结合、第一线、经不起、先锋队、落脚点。

● 须在重码提示行中进行选择的：造就（2）、做出（2）、忠实（2）、疏远（2）、宗旨（3）。

四、练习方法与录入技巧

1. 注意击键方式。在学习速录的初期阶段，如果没有形成一个正确的手形，在后期的提速过程中将会极大地影响准确率和速度。这里说的手形指的是速录时手指的击键方式、力度及形态。击键时需要特别注意的问题有：

第一，手指动作幅度不宜过大。有的学员在击打键盘时，手指上提幅度过大，甚至提至离键盘一两公分的高度才下落，这样就浪费了大量的时间在手的移动上，降低了录入的速度。在进入提速阶段后，手指可以不归位，采用由一组键位直接移动至另一组键位的击打方式，当然这是以对键位十分熟悉为前提的，移动时，要尽可能的减小双手的动作幅度，尤其是垂直动作，只有手指移动即可。

第二，手指"轻""快"按键，不可大力度敲击。有的学员在敲击键盘时会发出非常大的声音，尤其在高速录入时更是如此，这是非常错误的，在进行长时间的练习时会出现手腕、手指疼痛，甚至抽筋的情况，就是这个原因了。人在紧张的时候，会不自觉地大力度敲击键盘，总认为力度小了会不上屏，这是心理问题，需要有意识的进行调节。否则，长时间的大力度敲击既影响机器寿命，又损害自己身体，同时还影响录入速度。

第三，切忌"摸键"。"摸键"的小动作也会影响录入速度。有些学员速录时过分紧张，尤其在遇到不确定的键位时，总要通过摸键盘确定键位才敢按下，这是心理素质差的表现，同时也表现出对键位的不熟练，只要勤加练习，提高录入速度就能较好的克服了，所谓"艺高人胆大"嘛！

第四，手指间隙不宜过大，更不要五指张开平铺在整个键盘上，这样的手形无形中就会增加手指的移动幅度，影响录入速度。如果已经养成了不良习惯，可练习时在键盘前端放置纸板、笔等障碍物提醒自己，通过一段时间的调整应该就可以克服了。

第五，手指击键力度要均匀。人的十指分工不同，使用频率不同，自然力度也有差别。有些学员在遇到小指的键位时，总是准确率不佳，常常"漏键"；有的学员速录时速录机经常前后移动，总是需要在击键一段时间后会往回拉一下，这些都是因为十指用力不均匀造成的。击键时手指应当垂直下落，双手用力要均衡，个别力度小的手指，可以通过强化练习来克服。平时也可以多做一些手指操，既可以增加手指力量，也可以起到放松的作用，一举两得。

以上这些容易出现的问题，希望大家在练习过程中与自己的手形对照，有则改之，无则加勉，尽快形成正确的击键方式，才能使提速过程更顺畅。

2. 把握训练内容。提速过程中常规的训练内容包括：

（1）音节码练习。主要用于巩固击键准确率，需要持之以恒、坚持不懈的努力，作为每天练习开始的热身训练，可以选择使用"亚伟练习系统"进行"全部音节码"词语的过关训练，测试速度和准确率（准确率95％以上的速度成绩有效）。在日常练习过程中一定要注意总结，建立一个易错字文件，将自己经常打错的键位逐一整合在一起进行反复的练习，从而能够尽快克服弱点。音节码词语的练习是基础，直接影响到其他练习的效果。

（2）熟文章精打。主要用于提高录入速度，使击键更连贯，技巧更熟练。需要注意的是要在保证准确率的前提下进行练习，不要盲目地提速度，否则只会适得其反，养成错误的击键习惯；另外，所选择的熟文章篇幅不宜过长，要选择略码等知识点较多的文章进行练习。可以使用"追打"（听打比当前手速高20字左右速度的熟文章音频）的方式进行练习。一篇熟文章通常练习过500字/分时需要进行更换，否则起不到提速的效果了。

（3）专项巩固——包括阿拉伯数字、中文数字、英文字母的练习。可以使用限时测试的方法，每天花费三五分钟进行巩固练习即可，这是实际工作的需要。

（4）生文章泛打。主要目的是广泛接触不同类型的语句字词，拓展知识面，积累、巩固知识点。

依据练习阶段的不同，各部分内容分配的时间比例稍有差别。提速前期，音节码词语所占比重较大，配合熟文章占练习总时间的2/3以上；后期随着音节码词语的熟练（100字/分以上），同时熟文章练习到一定的速度（180字/分），应逐渐加大生文章练习的比重和文章的难度。

3. 掌握训练方法。

（1）多遍重复。对于一个编码（音节码或词语）以"击打—复位—再击打"的方式多遍重复，直至能够做到多指同时运动为止。这是局部强化练习，目的是使某一个音节码的指法尽快熟练，并形成动作记忆以加深印象。但是一定要注意准确率，及时调整指法，把准确击打的感觉固定下来。

对于一组词语的练习，在每一个编码都比较熟练后，还应当对整个练习进行不同顺序的多遍重复，以使整个练习都熟练自如。改变顺序是为了消除顺序记忆所产生的"熟练性假象"，使练习的效果更加接近真实。但是一定要注意练习没有结束以前不要去检查屏幕上的内容正确与否，更不要中断练习去修改某一个击打错误的词语。正确的方法是：打完一遍后，仔细检查有无错误，对错误的词语做上标记并进行单独练习，试着分析一下错误的原因，并在下一次练习时加以注意。只有这样进行练习，才能使准确率与熟练度同步提高。

（2）循环练习。在进行语段速度训练时，每一篇文章的达标要求（速度和准确率）是阶梯上升的。循环练习就是在练习新文章并达标的同时，重复练习之前的文章，并使其达到与新文章同样的熟练程度（速度和准确率）。这是一种"温故知新"的练习方法，可以使熟文章的数量很快地增加，生文章的速度增长更快。

另外，循环练习法也可以用在略码等知识点的记忆中，以 4 天为周期，在即将遗忘时重复记忆训练，可以使知识记忆更牢固。

（3）限时练习。以 1 分钟为限，进行限时看打或限速听打。这样将一篇文章化整为零，一点一点地达到速度要求，再进行整篇文章的练习，比一开始就对整篇文章进行练习效率更高，一般对于一些比较长的文章都采取这种练习方法。选择"1 分钟"，是因为时间短，精力容易集中，练习效果好，劳逸结合，而且便于检查和调整，是高级速度训练中常用的方法。

对于数字、字母等专项训练也可使用限时练习法。这里可以选择限时 3 ~ 5 分钟，进行强化巩固训练，规定击打内容，测试击键数量。

限时练习法也是熟文章的强化练习方法。在限定的时间段内（按照比实际手速高 20 字左右进行计算确定）对某一篇熟文章进行高速看打（或采用播放定速音频的方式进行辅助），力争打完，这种练习方式可以最大程度的激发击打潜力，使手速在短时间内有所提高，是突破速度障碍的一种练习手段。但是，这种练习不宜过多地进行，一是易于疲劳，强度过高，可能会损伤肌肉；二是不易控制准确率，使得错误重复。进行限时练习时必须配合进行调整性练习（只要求准确率而不要求速度的练习），旨在调整高速击打过程中的错误指法和感觉，这样一张一弛地反复练习，既训练了速度，又不失准确率，使练习者对自己的双手有极强的控制力，在高速击打过程中能够做到指法不变形，保证准确率的前提下提高录入速度。

（4）分句练习。分句击打练习体现的是"化整为零、各个击破"的思想，是挑战自己，突破极限，实现快节奏录入的另一个有效方法。所谓"分句打"是指，先取一个稍高的语速录音定为目标（一般高 10 ~ 20），然后从第一句开始反复听打，达到录入速度且没有错误时再打第二句；全文练习完后，可以"两句打""一段打"，再扩展到"整篇打""多篇打"，逐步把这种录入节奏巩固下来。

（5）高速强化练习。练习到一定阶段，可能会出现速度停滞不前的情况，此时，一是要静下心来，不要着急，同时可以采取一些方法，比如放弃该阶段的文章，直接进入下一速度的文章训练（如 150 速度时，直接进入 160 或更高），当然你肯定是跟不上的，不要着急，当你的手指习惯于高速的击键频率时，再回过头来打低速的文章，你一定会觉得特别轻松，这就是高度强化训练的妙处了，可以突破极限，强迫自己提升速度。

（6）变速练习。通常我们练习用的文章都是确定速度的朗读稿，即匀速文章。如果你的录入速度已经比较高（200字/分以上），面临寻找工作，那么接近实际工作的练习内容就非常必要了，这时可以多听一些变速的文章（比如从180字/分逐渐增加到220字/分），或者利用多媒体播放访谈节目，进行跟打训练，要求尽量跟打完整，语句通顺，而不能只打半句话。记录完毕后，进行校对，模拟体验真实现场速录的感觉。

（7）押句练习。在进行实时听打录入时，一次通常需要记住一句甚至两句话，而听打记忆的更新速度就是讲话人的语速，并且不能等。因此，如何增加大脑的记忆量以及及时清空是需要加强训练的两方面技巧。速录师开始记录的时间略微滞后于讲话者半句话的录入方式，被称之为"押句子"，滞后太多容易导致讲话者内容的丢失，跟得太紧则容易导致内容的繁冗无序或者反复地删改。押句子记录方法，可以很好地提升记录的质量，而押句子记录法的训练需要长期的坚持和正确的练习。通常可以采取下列方式进行：

• 跟读。所谓"跟读"就是在看电视、听广播的时候，滞后于讲话者半句话的时间逐字逐句的进行跟读，尽量达到内容完全一致。这种方法有着非常灵活的优势，也比较容易坚持和看到成效。

• 复述。当我们阅读完一段文字或者听到一条新闻之后，需要对所读到的或者听到的内容进行复述，复述的越接近原文字的内容越好，尽量回忆起更多的细节和重点。这种方法是提升大脑对文字的记忆力和理解力的一种非常有效的方法。

• 慢速追踪。找一段低于自己实际速录速度40字左右的生文章进行押句子练习，不需要过长，但是需要每天都坚持进行、循序渐进。但要注意每一次用押句子记录法练习完之后都要进行正确率的比对，及时总结自己漏掉的信息以及原因。这种方法对提升自己驾驭文字的信心是非常有帮助的。

（8）蒙目练习。蒙目速录顾名思义，就是蒙起眼睛，做到真正的盲打。蒙目练习可以强化对录入技巧的记忆，避免无意识的错误（在看不到屏幕的情况下，大脑必须思考才能按键），也更利于集中精力听打。在进行蒙目练习时，要注意按键的准确率，要集中精力跟音打，虽然我们看不见屏幕，但这并不意味着我们不知道自己打的是什么，要努力回想日常练习中积累的略码与技巧。在遇到不确定能否一次上屏的字词时，可以使用自己常用的联词消字；在遇到单字时，要注意高频单音特定字的使用；常用的选词顺序也要加以记忆；同时，要克服心中的恐惧，注意调整心态。

第二部分　工作实务

　　经过初级提速阶段的训练，大家在技能要求上已经达到了速录员的水平，速度上能够满足"法院书记员"职业岗位的要求，但与实际工作能力的要求还有一定距离。因此，我们结合法院书记员的工作实务，设置了若干项目，对速录工作的流程及各项技巧进行训练。

项目一

民事案件庭审速录

庭审速录工作是书记员日常工作的重要组成部分，所形成的法庭审理笔录也称庭审笔录，是指书记员对于在庭审过程中审判人员以及诉讼参与人的诉讼行为所实时制作的笔录。法庭审理笔录是审判笔录体系中的最基本表现形式，是考核书记员记录水平与能力最主要的载体，因而也是从审判实体到审判程序、从记录形式到记录内容、从记录效率到记录耐力等方面对书记员压力最大、要求最严格的笔录。本节首先就民事案件庭审过程中的速录工作实务进行实训。

一、实训目的

1. 熟练掌握民事案件庭审速录的基本技巧，提高录入的速度和准确率，能够完整记录下庭审内容；

2. 掌握民事案件庭审笔录的一般格式和要求，能够按照要求进行笔录内容的排版；

3. 熟悉民事案件庭审工作流程与庭审程序；

4. 锻炼心理素质，提高在记录过程中抗干扰的能力，适应现场记录的需要。

二、实训条件

实训地点：速录实训室、模拟法庭或法院。

设备条件：多媒体计算机，选配亚伟中文速录机、打印机等。

三、实训过程及要求

民事案件是平等主体当事人之间的人身关系、财产关系的纠纷。民事案件笔录应该掌握以下几点共同内容：一是纠纷的起因、发展、后果、争执焦点、是非责任和处理意见；二是诉讼各方有关案件事实的陈述、证据提供、质证、庭审中各方的言行和表情等；三是与案情事实认定、实体处理和程序改变等有关的指示、意见过程情况。

实训结束时，需要提供以下资料：当庭速录稿、校对稿。

（一）"庭前"工作

1. 阅卷。制作高质量的庭审笔录，要求书记员必须养成提前阅卷的习惯。一方面，提前阅卷可以保证书记员能够排除疑难字词的障碍，做到有备无患，防止出现错别字等；另一方面，提前阅卷可以保证书记员在庭审记录过程中理清审理思路、抓住庭审要点。

民事审判庭的书记员通过提前阅卷需要掌握以下几个方面的内容：

（1）正确记录民事案件当事人和其他诉讼参与人的称谓。民事案件当事人和其他诉讼参与人的称谓不同于刑事、行政案件，在一审、二审等不同诉讼程序中也各不相同，记录时要加以区分，避免混同。

（2）明确原告方提出的诉讼请求和被告方的答辩意见。

（3）明确案件的争议焦点。

（4）明确双方的举证责任。

（5）了解原、被告双方拟当庭宣读、出示的证人书面证词、物证和其他证据的目录等。

2. 造词和自定义。对案例当中所涉及的人名和地名等专业词汇进行造词和自定义。

（1）造词。根据阅卷了解的基本情况，对记录中可能涉及的人名、地名等专业词汇进行造词，将其添加到个人的词库中，这样在正式录入时，可以避免重码选词，提高录入速度。

第一，造词的步骤：

• 第一步，录入正确的词组。例如人名"聂晓倩"，通过联词消字、选词等方式将其录入。

• 第二步，通过"XWU：I/W/U/E"选中该词组。

• 第三步，通过"XWU：XBW"确定造词。下次再录入"聂晓倩"时，就可以直接上屏了。

第二，造词的规则：

• 个人词库内允许 7 个字以内的任何词语被添加为新词，不包括非汉字的字符。

• 个人词库中不能有同音词。

● 个人词库中的词语如果与系统词库中的词语同音，自动优先上屏。

第三，造词的原则：

● 尽量不造单音词。

● 双音词同音的较多，盲目造词会造成词库的混乱，添加词语必须谨慎、合理，可以结合略码、联词消字等技巧进行录入。

● 三音及以上的词语，可以根据需要进行添加，个人词库中的词语一般不超过一万条。

 Tips

删除造词，只需"XWU：XBW"打开造词对话框，将词语粘贴到"词组"框中，查找并删除即可。

（2）自定义。自定义功能可以对任何一个长度在 1～30 个汉字或者 1～60 个半角字符（数字、字母、标点）之间的字符串制定亚伟速录机的专用组合键码。

第一，自定义的步骤：

● 第一步，录入正确的字符串。

● 第二步，通过"XWU：I/W/U/E"选中录入内容。

● 第三步，通过"XWU：D"打开自定义对话框。

● 第四步，定义键位，一般为"首音节码：XBW"，双手并击，进行定义。（如果按错了，可以重复按键，系统以最后一次击键为准。）

● 第五步，通过"XWU：XBW"确认定义字串。（并击"XAN：O"取消定义。）

第二，自定义的原则：

● 自定义时不要双手都是速录音节码，这样会与已有的词汇组合冲突。

● 不要过多的自定义，一方面词库的容量有限，另一方面会加重记忆的负担，要对自定义词库及时进行整理，删除不需要的词条。

 Tips

取消自定义字串，只需要打开自定义对话框，找到自定义的键位码，删除即可。

（3）快捷键栏。亚伟中文输入环境中，在工具栏的下方是快捷键栏，有 5 个可以快速定义的快捷键窗口，如图 8 所示。

操作步骤：

- 第一步，录入正确的内容。
- 第二步，通过"XWU：I/W/U/E"选中录入内容。
- 第三步，通过"XWU：BZ"复制选中内容。
- 第四步，通过"XWU：UE"粘贴到一个空白的快捷键框中。
- 第五步，通过"XW：D/Z/G/W/I"录入自定义的内容。（D/Z/G/W/I即数字键盘的1/2/3/4/5）

图8　快捷键栏

 Tips

- 没有定义快捷键时，使用"XW：D/Z/G/W/I"可录入①－⑤。
- 单击" 替换快捷键内容"按钮，可将文件中所有快捷键全部替换为所定义的内容。
- 单击" 清除快捷键内容"按钮，可将所有快捷键定义内容清空。
- 快捷键最多可定义10个，分别对应数字键盘1－9、0。

3. 做好笔录模板。在庭审过程中，很多内容都是格式化和固定的，做好庭审笔录格式的模板，并依据阅卷情况，将相应确定的内容填入模板中，可以减少庭审过程中的工作量和心理压力。

制作模板有两种方式，第一是使用"亚伟录入系统"制作并调用。在"亚伟录入系统"中，使用"模板处理"菜单"新建"命令，可以建立一个新的空白模板或"打开"命令，打开一个现存的模板进行修改，将需要默认出现的内容录入到模板中，再单击"模板处理—保存"命令进行保存，方便日后使用。单击"模板处理—调入"命令，将已有的模板内容全部插入到当前文件中，就可以继续进行录入和编辑了。

 Tips

在结束模板处理后退出"亚伟录入系统"或编辑其他非模板文件时，系统会提示"保存"对话框，请不要保存，否则模板将无法使用。

第二种方式，是使用文字编辑软件进行模板的制作，如MS Word，正式录入时，将"亚伟录入系统"作为输入法外挂即可。这也是目前庭审工作过程中比较常见的方式，优点是可以事先进行格式的编辑，方便文档后期整理与输出。

（二）"庭中"工作

根据庭审现场情况，对法庭审理的全部活动，包括当事人和其他诉讼参与人的诉讼活动，进行如实记录。在录入过程中强化总结能力和把口语转换为书面语的能力。

开庭审理时，审判长依照法定顺序，进行如下诉讼活动：

1. 法庭调查前的工作。

（1）核对当事人。主要是对当事人的姓名、性别、出生年月、民族、工作单位和职务、住所地进行核实。如果是法定代理人出庭，应核对其与被代理人的关系。当事人为法人（或其他组织）的，要对该法人（或组织）的全称、住所、法定代表人（或代表人）的姓名和职务加以核对。如有诉讼代理人出庭，应审查其授权委托书及其代理权限（诉讼代理人是律师的，核对所属律师事务所及律师执业证书；是公民的，核对其姓名、性别、出生年月、民族、工作单位和职务、住所地；是近亲属的，还要核对与当事人的关系）；如果是法定代表人出庭，应审查其身份证明书。相关证件都应核对原件，以免对方当事人借故提出异议。

（2）宣布案由。核对当事人之后，宣布案由，即宣布审理什么案件。

（3）宣布审判人员、书记员名单。

（4）告知当事人有关的诉讼权利和义务。这是保障诉讼当事人平等行使诉讼权利原则的具体表现，使当事人在诉讼中充分行使诉讼权利和履行诉讼义务。

（5）询问当事人是否申请回避。如当事人申请回避，应依照民事诉讼法的规定加以解决。

（6）询问一方出庭人员对对方出庭人员是否有异议。

（7）对适用简易程序审理的案件，询问当事人是否先行调解。

2. 法庭调查阶段。法庭调查阶段又称实体审理阶段，它是开庭审理的中心阶段，其主要任务是审查核实各种诉讼证据，对案情进行直接的、全面的调查。根据民事诉讼法的有关规定，法庭调查按下列顺序进行：

（1）当事人陈述。

（2）告知证人的权利义务，证人作证，宣读未到庭的证人证言。

（3）出示书证、物证和视听资料。

（4）宣读鉴定结论。

（5）宣读勘验笔录。

当事人经法庭许可，可以向证人、鉴定人、勘验人发问。当事人可以要求重新进行调查、鉴定或者勘验，是否准许，由人民法院决定。

3. 法庭辩论阶段。审判人员如果认为案情已经查清，即可终结法庭调查，转入法庭辩论阶段。法庭辩论，就是当事人就如何认定事实和适用法律进行辩论。法庭辩论是开庭审理的又一个重要阶段。在这一阶段中，当事人可以根据法庭调查的材料，对于证据的证明力、事实的认定，以及适用什么法律及理由，向法庭提出自己结论性的意见。法庭辩论的目的，是使案件的事实及当事人之间的是非曲直进一步明朗化。根据民事诉讼法的有关规定，法庭辩论按下列顺序进行：

（1）原告及其诉讼代理人发言。

（2）被告及其诉讼代理人发言。

（3）第三人及其诉讼代理人发言或答辩。

（4）双方互相辩论。

法庭辩论终结，由法官按原告、被告、第三人的先后顺序征询各方最后意见，之后，法官如认为案件有可能调解，则可按原告、被告、第三人的先后顺序征询各方是否同意在法庭的主持下进行调解的意见，如同意，有何明确具体的调解方案。法庭可根据案件事实和法律规定提出参考性方案供各方考虑。调解过程包括各方提出的调解方案、让步方案、法庭提出的参考性方案的具体内容均应记入笔录。

4. 评议宣判阶段。评议宣判阶段是开庭审理的最后阶段。这个阶段的任务，是由合议庭对案件进行评议，确定案件事实，分清是非责任，正确适用法律，确认民事权利义务关系，作出判决结论并公开宣布。评议宣判阶段的工作主要是：

（1）合议庭评议。法庭调查结束，进行调解没有达成协议的，合议庭成员退庭进行评议。合议庭评议案件，实行少数服从多数的原则。评议应当制作笔录，由合议庭成员签名。评议中的不同意见，必须如实记入笔录。根据最高院的有关规定，合议庭评议案件时，先由承办法官对认定案件事实、证据是否确实、充分以及适用法律等发表意见，审判长最后发表意见。审判长作为承办法官的，由审判长最后发表意见。对案件的裁判结果进行评议时，由审判长最后发表意见。审判长应当根据评议情况总结合议庭评议的结论性意见。合议庭成员进行评议的时候，应当认真负责，充分陈述意见，独立行使表决权，不得拒绝陈述意见或者仅作同意与否的简单表态。同意他人意见的，也应当提出事实根据和法律依据，进行分析论证。合议庭成员对评议结果的表决，以口头表决的形式进行。

（2）宣告判决。合议庭评议完毕，应制作判决书。根据民事诉讼法的规定，开庭审理无论是否公开，宣告判决一律公开进行。当庭宣判的，应当在十日内送达判决书；定期宣判的，宣判后立即发送判决书。宣告判决时，必须告知当事人上诉权利、上诉期限和上诉法院。宣告离婚判决，必须告知当事人在判决发生法律效力前不得另行结婚，这些都应当在宣判笔录中记明。法庭审理完毕，由审判长宣布闭庭（不是当庭宣判的，由审判长宣布休庭）。

（三）"庭后"工作

整理记录文稿，对所记录的文稿进行排版校对，保存在指定位置并打印装订成册。

文书字体：法院名称用"二号宋体加粗字"，文书名称用"一号宋体加粗字"，案号和正文用"三号仿宋字体"，单倍行距（法院管理系统自动生成的格式要按要求重新编辑）。

文书版式：一般为每页 22 行，每行 28 字，装订一侧的页边距大于翻页一侧，页码居中排列。

文书用纸：一般采用国际标准 A4 纸型（297 毫米×210 毫米）70 克书写纸双面印刷。

法庭笔录可以当庭或在五日内交给当事人和其他诉讼参与人阅读并签名、盖章；他们认为记载有遗漏或差错的，可以请求补正；拒绝签名盖章的，应记明情况。最后，经审判长（员）审阅后，由合议庭成员或独任审判员、书记员签名。

四、记录要点与录入技巧

下面给出民事庭审笔录制作的几点特别提示：

1. 笔录中应着重记明的事项。

（1）审判长（员）归纳的案件没有争议的事实。

（2）审判长（员）归纳的案件有争议的焦点问题。

（3）审判长（员）归纳的法庭调查和法庭辩论的重点。

（4）对于不动产案件，不动产的由来、权属以及历史和目前的变动情况应当记明。

（5）对于侵权赔偿的案件，对损害或者侵权的事实、过程、过错责任以及侵权行为造成的结果，包括伤情、程度、医疗、护理、交通等法律规定的项目费用以及双方对赔偿数额的意见应当详细记录。

（6）对于借贷类案件，债务的由来和形成情况，即何时、何地、何种方式形成的债务，以及双方在债务发生过程中达成的协议或约定的情况必须记录清楚。

（7）对于离婚类案件，要着重记明双方当事人的婚姻基础情况、婚姻缔结的过程、生育情况、财产形成的情况、离婚的真正原因、矛盾的焦点以及双方对共同财产处理、子女抚养的意见等。

（8）合同纠纷类案件，合同签订的时间、地点、背景及主要内容必须记录清楚，尤其是合同主要条款是纠纷案件记录的重点，包括标的、数量和质量、价款和酬金、履行期限地点和方式、违约责任等。其中双方有争议的地方或对合同变更要特别记录清楚。当事人履行合同的情况，纠纷产生的原因、经过、结果，涉及担保的情况都要记录在案。

（9）继承类案件，被继承人死亡的时间、原因、遗产状况，各当事人与被继承人之间的身份关系，纠纷发生的原因、经过和后果，有无遗嘱、遗赠抚养协议等都是需要注意的记录要点。

（10）劳动争议类案件，当事人争议的焦点（反映案件性质），人民法院对于用人单位作出的处理决定在程序上和实体上是否合法的审查都需重点记录。

（11）记录适用简易程序审理的案件，不能随意省略和简化，除记明法庭调查、法庭辩论顺序不受普通程序规定限制外，其他内容仍应按法庭审理笔录的一般要求记录。

2. 庭审笔录制作要注意的问题。

（1）要依审理程序如实记录，客观真实地反映审理的进程。审判程序是否合法，要在笔录中明确反映出来，这既是检验办案质量、进行审判管理的依据，又是反映审判人员驾驭庭审能力的第一手资料。

（2）要注意记录的准确性，尽可能记准原话、原意。尤其是法庭调查阶段的记录一定要准确、具体。对审判长（员）的询问，要记清要点和关键性问话。若遇到多名诉讼当事人的案件，对每一个人的问答要分别记清楚。此外，在法庭核对有关证据的过程中，如出示书证、物证的，宣读证据材料的，应记清楚出示书证、物证的名称，证据材料的证明要点和出处；控辩双方对证据、证人提出的质、辩意见要重点记清；证人证言的说法变化，被告人对证据的意见都应完整、翔实地记录。

（3）对当事人的最后陈述尽可能记录原话或原意。另外，在庭审过程中，如有诉讼参与人或旁听人员违反法庭秩序和纪律，被审判人员制止、警告或者采取措施的情况，也应记入笔录备查。对于庭审过程中发生的其他意外或者反常情况，都必须如实记载。

3. 做好庭审速录工作，可以从如下方面努力。

（1）充分认识庭审记录的原则——如实记录，绝不能凭主观臆断省略记录。

（2）加强法律知识和审判业务的学习，不断提高业务素质。

（3）苦练文字的基本功，提高听力和录入速度，要熟练掌握汉字的正确读音和使用，要勤学苦练，多听、多写、多记，持之以恒才会熟能生巧。文字录入速度是做好庭审记录的基础和立足点，只有提高录入速度才能适应庭审节奏，从容、准确地记录庭审内容。一般来讲，要做到从容记录、游刃有余，录入速度必须达到熟文章200字/分，生文章听打160字/分以上（一次上屏率95%以上）。

（4）建立自己的专业词库。我们在日常的工作和练习中要注意积累常用词汇，特别是专业词汇。一方面要把输入词组作为练习的重点，形成尽量输入词组的良好习惯；另一方面，要把词组记录到惯常使用的输入法内，建立自己的专业词库。不断积累、丰富专业词库有助于提高打字速度。

（5）庭前一定要阅卷熟悉案情，把握案件的焦点和争议，明确涉及的专业术语等，这是保证记录快速准确的重要条件。

（6）主动和审判人员密切配合，取得审判人员的合作和支持，达成默契。这里需要书记员一方面注意审判长（员）开庭审理时一般采用的做法、思考方式、问话方法，另一方面注意掌握审判长（员）的庭审提纲、庭审要点和重点，明确哪些内容应当详尽、具体，哪些内容可以简略，做到庭审记录时得心应手。

（7）制作好庭审记录模板。从庭审流程中我们也可以看到，庭审记录中有大量内容是相对固定的，比如"案由、法庭纪律、合议庭成员、回避询问、诉讼参与人名单、权利义务、法庭调查过程、控辩双方宣读出示证据的程序"等。在充分了解审理流程及阅卷的前提下，可以将这些内容事先制作模板并填充，庭审过程中根据个案不同进行适当修改即可，这样不但可以降低工作强度，而且可以大大提高庭审记录的效率和准确性。

（8）要提高敏锐的观察和快速的反应能力，使自己在庭审以及平常的审判活动中能够及时捕捉人物心理和事件的动态发展变化。

（9）庭审时，如果问话和答话没有时间全部记录，优先记录答话，可利用庭审节奏放缓或宣读、出示证据等的间隙时间，进行补记和修改。

下面给出了民事庭审中的几个典型实例供大家参考学习

民事案件庭审笔录实例1——损害赔偿纠纷

××××人民法院
开庭笔录

开庭时间：2013 年 4 月 11 日 10 时 30 分至 12 时 00 分

开庭地点：本院第 18 号法庭　　第一次开庭

是否公开审理：公开

旁听人数：0 人

审判长：周××

审判员：戴××、韦××

书记员：陈××

案　　号：（2013）济民一初字第 68 号

案　　由：谭某、林一、林二、叶某诉李某、徐某、艾某水上交通事故损害赔偿纠纷

书记员：（核对法定代表人证明、诉讼参与人授权委托书）。

书记员：法庭肃静，准备开庭。

根据《中华人民共和国人民法院法庭规则》现在宣布法庭纪律：诉讼参与人应遵守法庭规则，维护法庭秩序，不得喧哗、吵闹；发言、陈述和辩论，须经审判长许可。公开审理的案件，公民可以旁听，旁听人员必须遵守下列纪律：未经允许，不得记录、录音、录像和摄影；不得随意走动和进入审判区；不得发言、提问；不得吸烟；有手机等通讯工具的应当关闭，不得在庭审过程中使用；不得鼓掌、喧哗、哄闹和实施其他妨害审判活动的行为。宣布完毕。

书记员：全体起立，请审判长、审判员入庭。

书记员：请坐下。

书记员：报告审判长，庭前准备工作就绪，请主持开庭。

审判长：各方出庭人员依次说明自己的姓名、职务或职业以及代理权限。

原告：谭某，女，1968 年 10 月 10 日出生，汉族，农民，住丽水市水阁街道水阁村。

原告：林一，男，1990 年 9 月 10 日出生，汉族，学生，住址同上（未到庭）。

法定代理人：谭某，身份情况同上。

原告：林二，男，1932 年 7 月 22 日出生，汉族，农民，住址同上（未到庭）。

原告：叶某，女，1941 年 4 月 12 日出生，汉族，农民，住址同上。

上述四原告委托代理人：梁某某，山东处州律师事务所律师（特别授权）。

（审判长查验律师执照，并宣读授权委托书和律师事务所公函）

被告李某：李某，男，1968 年 9 月 21 日出生，汉族，驾驶员，住丽水市水阁街道叶岙村。

委托代理人：支某，山东鲁丽律师事务所律师（特别授权）。

（审判长查验律师执照，并宣读授权委托书和律师事务所公函）

被告徐某：徐某，男，1970 年 4 月 2 日出生，汉族，驾驶员，住丽水市水阁街道上树岭村。

被告艾某：艾某，男，1965 年 4 月 10 日出生，汉族，住丽水市白云小区 6 幢 102 室。

审判长：当事人对其他当事人、法定代理人、诉讼代理人的身份、资格是否有异议？

原告代理人：无异议。

被告李：没有异议。

被告徐：没有异议。

被告艾：没有异议。

审判长：上述当事人和诉讼代理人经本庭核实，符合法律规定，可以参加本案的诉讼活动。依照《中华人民共和国民事诉讼法》第一百三十四条的规定，本院现在依法公开审理原告谭某、林一、林二、叶某诉被告李某、徐某、艾某水上交通事故损害赔偿纠纷一案。依照《中华人民共和国民事诉讼法》第三十九条、第四十一之规定，本案由审判员周××担任审判长，和审判员戴××、韦××组成合议庭，书记员陈×担任法庭记录。

本庭已于开庭 3 日前将开庭传票、当事人举证通知按法律规定送达了各方当事人，原告，你们收到了吗？

原告代理人：收到。

审判长：三被告你们收到了吗？

被告均：收到。

审判长：根据《中华人民共和国民事诉讼法》第十一条、第十二条、第四十四条、第四十五条、第四十九条、第五十条、第六十四条、第一百一十八条、第一百九十九条之规定，当事人有如下诉讼权利和义务：使用本民族语言文字进行诉讼的权利；申请回避的权利；收集、提供证据的权利；进行辩论的权利；申请调解的权利；提起上诉的权利；申请再审的权利；申请执行的权利；自行和解的权利；查阅卷宗材料的权利。当事人必须依法行使诉讼权利，遵守诉讼秩序，履行发生法律效力的判决书、裁定书和调解书；当事人对自己提出的主张，有责任提供证据；当事人必须按照规定交纳案件受理费和其他诉讼费用。

审判长：双方当事人对本庭宣读的诉讼权利和义务是否清楚？

原告代理人：清楚。

被告均：清楚。

审判长：根据《中华人民共和国民事诉讼法》第四十四条、第四十五条的规定，如审判人员、书记员是本案当事人或者当事人、诉讼代理人的近亲属，或者与本案有利害关系，或者与本案当事人、诉讼代理人有其他关系，可能影响对本案公正审理的，审判人员接受当事人、诉讼代理人请客送礼，或者违反规定会见当事人、诉讼代理人的，审判人员应当自行回避，当事人有权申请回避。经合议庭自查，本合议庭组成人员和书记员不存在上述自行回避的情形，原告、被告对合议庭组成人员和书记员是否申请回避？

原告代理人：不申请回避。

被告均：不申请回避。

审判长：现在开始法庭调查。由原告陈述诉讼请求及事实理由。

原告代理人：（宣读起诉状）诉讼请求：1. 判令被告李某赔偿原告因林某死亡的补偿费72080元、丧葬费2000元、火化费1960元、林一抚养费12624元、林二赡养费10520元、叶某赡养费10520元、误工费888.30元、调解费200元、精神抚慰金5000元、交通费300元、车辆修理费1000元，合计人民币117092.30元的70%，计人民币81964.61元；2. 判令被告徐某、艾某对上述赔款承担连带和垫付责任；3. 诉讼费用由被告承担。

事实及理由：原告谭某与原告林一系母子关系，与死者林某系夫妻关系。原告林二与原告叶某系夫妻关系，与死者林某系父子关系。2012年11月27日死者林某驾驶山东K02662号拖拉机到被告艾某的砂场运载砂石，在渡船上因渡船沉入水中致使林某死亡。案发后，海洋市港航监督机构予以立案查处，并于2012年12月23日作出海航监字2012年第002号《水上交通事故责任认定书》，认定被告李某违章造成船舶沉没负事故的主要责任，被告艾某有过失，应承担次要责任。被告李某对此认定不服提出重新认定，山东省地方海事局于今年2月8日作出鲁地海通航字（2013）01号《水上交通事故责任重新认定书》，维持了被告李某负事故主要责任的认定。

另据悉，李某驾驶的鲁K1699中型自卸货车的车主系被告徐某，其依法应承担民事责任。海洋市港航监督机构于今年3月31日调解不成。被告艾某对自己的部分赔偿已支付给原告，但被告李某拒不赔偿，至今分文未付，由于这次事故不仅已造成原告经济上的巨大损失，而且造成精神上更大的创伤，原告谭某曾因此住院多次，现在仍憔悴不堪。为保护公民的人身权益，特依法提出诉讼，请予以裁决。

审判长：由被告李某或代理人陈述答辩意见及事实理由。

被告代理人：本代理人代被告李某口头答辩如下：

一、本案的死者林某在本案事故中应负次要责任，应承担部分责任。

二、原告在赔偿清单中部分赔偿项目和数额不符合法律规定，依法应不予赔偿。

三、被告李某系鲁K1699号中型自卸货车的实际车主，该车系2012年9月28日以44800元的价格从第二被告徐某手中买入。

综上，被告李某同意在合理的赔偿比例及赔偿范围内进行赔偿。

审判长：下面由被告徐某陈述答辩意见及事实理由。

被告徐：我的车子是 2012 年 9 月 28 日将车转给李某的，我们也写有协议的，出了事故我是不知道的，我认为应由李某承担责任，我不承担责任。

审判长：下面由被告艾某陈述答辩意见及事实理由。

被告艾：我愿意承担应负的次要责任的赔款。

审判长：双方当事人还有无与案件事实有关的事实需要补充？

原告代理人：没有补充。

被告代理人：没有补充。

被告均：没有。

审判长：经过以上陈述，双方当事人对以下事实陈述一致或无异议：本案所涉受害人林某系原告谭某之丈夫、林一之父、林二和叶某之子。

2012 年 11 月 27 日，林某驾驶山东 K02662 号拖拉机到被告艾某经营的砂场运载砂石料，在渡船上，因被告渡船沉入江中致林某死亡。2012 年 12 月 23 日，海洋市港航监督海航监字 2012 年第 002 号《水上交通事故责任认定书》认定，被告李某负事故主要责任，被告艾某负事故次要责任。被告李某不服，提出重新认定申请，山东省地方海事局于 2013 年 2 月 8 日作出鲁地海通航字 (2013) 01 号《水上交通事故责任重新认定书》。事故发生后，被告艾某已赔偿原告部分损失，原告因与被告李某协商未果，港航监督调解不成。

双方对以下事实存在争议：1. 死者林某对事故发生是否负有责任。原告认为被告李某负主要责任，被告艾某负次要责任；而被告李某认为，根据山东省海事局的重新认定书，认为死者林某也应负事故的次要责任。2. 原告请求赔偿的数额及比例是否合乎事实。对原告要求赔偿的数额，被告李某认为有相当一部分是不需要进行赔偿的。3. 鲁 KA1699 号车翻斗车的实际车主是谁。原告认为该车的车主是被告徐某；而被告李某和徐某认为，该车原车主是被告徐某，而 2012 年 9 月 28 日徐某已将该车转让给李某，该车的实际车主是李某。

双方当事人对上述归纳有无异议？

原告代理人：没有异议。

被告代理人：没有异议。

被告徐：没有异议。

被告艾：没有异议。

审判长：现在由双方对争议的事实就自己的主张当庭举证、质证，先由原告方举证。

原告代理人：提供如下证据：

1. 水上交通事故责任认定书1份（来源于海洋市港航监督机构），证实被告李某负事故的主要责任，被告艾某负事故的次要责任，死者林某不负事故责任的事实；

2. 山东地方海事局的《水上交通事故重新认定书》1份（来源省地方海事局），证实被告李某、徐某方负事故的主要责任，被告艾某和死者林某负事故次要责任，以及该车的车主系徐某的事实；

3. 调解不成通知书1份（来源于海洋市港航监督机构），证实调解不成功，可依法向法院起诉的事实；

4. 结婚证1份，证实死者林某与原告谭某系夫妻关系的事实；

5. 林一的户籍证明1份（来源水阁派出所），证实原告林一的出生年月及其与原告谭某的母子关系；

6. 林二、叶某的户籍证明各1份（来源于水阁派出所），证实原告林二、叶某的出生年月及夫妻关系；

7. 水阁村委出具的证明2份（来源于水阁村委），证实①原告谭某、林一的母子关系；②原告林一由林某抚养；③原告林二与叶某系夫妻关系；④原告林二夫妻共生育包括林某在内的三个子女；

8. 火化票据1份（来源莲都区殡仪馆），证实火化支出1960元的事实；

9. 调解费票据1份（来源市航管处），证实事故调解支出200元的事实；

10. 收据1份（来源市四方农机经营部），证实车辆修理费出支1000元。举证完毕。

（原告代理人将上述证据原件提交法庭）。

审判长：由被告方质证。

（由法警将证据递交被告方）

被告代理人：对原告提供的证据发表质证意见如下：

1. 对第1、2、3、4、5、6号证据的真实性没有异议，但其中第2号证据，即重新责任认定书，该证据也证明了原告家属林某在本起事故中也应负次要责任的事实。

2. 对第 7 号即水阁村委的证明，对其中涉及证明原告林一由林某一个人抚养的内容有异议，原告谭某作为林一的母亲，对林一也有抚养的责任；村委也只证明原告谭某的胃肠不好，不能证实其没有劳动能力而不需进行抚养的情况。

3. 对于第 8 号证据即火化费的真实性没有异议，但原告已主张了丧葬费，故不应再计算火化费。

4. 调解费由被告承担没法律依据，不应进行赔偿。

5. 对修理费票据有异议，该票据并非正式发票，证据形式不合法，且车辆的损失也没有经过相关部门的定损，在两份责任认定书中也没有提到原告的车辆有损坏的事实，故该费用应不予认定。

审判长：由被告徐某进行质证。

被告徐：同意第一被告的意见。

审判长：由被告艾某进行质证。

被告艾：原告所述是事实，对其提供的证据没有意见。

审判长：下面由原告针对被告李某和徐某的质证意见有无不同意见？

原告代理人：1. 水阁村委的证明，被告对其中林一由林某抚养的情况有异议，但本代理人认为，村委是有证明资格的，其能证明原告身体不好，林一实际上是由林某个人抚养的，虽然夫妻均有抚养小孩的义务，但村委所证明的是事实，被告方也没有证据证明林一是林某与谭某共同抚养的。

2. 被告对火化费及调解费异议认为没有法律依据，但本代理人认为，道路交通事故赔偿办法中虽然没有这样的规定，但火化费和调解费是原告因本起事故实际支出的。

3. 对修理费发票，虽然形式不是很规范，但这是出票单位的问题，原告作为消费者，他们给的发票就是这样；虽然责任认定书中没有涉及车辆损坏的情况，但大家可想而知，车辆沉到水中，肯定是要损坏的，而且在水底还要进行施救，这些费用均是实际支出的。

综上，被告的异议理由不能成立。

审判长：被告方有无质证意见补充？

被告代理人支：坚持原来的意见，没有新的意见。

被告徐：没有。

被告艾：没有。

审判长：下面由被告方针对自己的主张向法庭举证。

被告代理人：没有证据提供。

审判长：下面由被告徐某向法庭举证。

被告徐：提供一份证据：汽车转让协议1份。

（法警将该证据递交法庭）

审判长：该证据被告徐某未在规定的举证期限内提供，其他当事人是否同意质证？

原告代理人：我方不同意质证。

审判长：根据最高人民法院《关于民事诉讼证据的若干规定》，证据应在举证期限内提供，现原告方不同意质证，本庭对该证据不组织质证。

被告艾某是否有证据需要向法庭提供？

被告艾：没有。

审判长：双方当事人针对本案事实，有无问题向对方当事人发问？原告？

原告代理人：有。

审判长：准许。

原告代理人：被告李某，我是原告的代理人，现向你发问几个问题，你要如实回答。

被告李：好的。

原告代理人：车辆行驶证上的车主名字是谁？

被告李：是徐某。

原告代理人：现行驶证在哪里？

被告李：在我这里。

原告代理人：被告徐某，鲁KA1699号车子行驶证上的车主名字是否你本人的名字？

被告徐：是的，但该车已经转让给李某了。

原告代理人：审判长，我发问完毕。

审判长：被告方对原告方是否有问题发问？

被告代理人：没有。

被告徐：没有。

被告艾：没有。

审判长：下面本庭就有关事实询问双方当事人，希望如实回答。首先询问原告，你方在诉状上称，被告艾某已将其应赔偿的部分支付给你们，艾某的赔偿数额是多少？

原告代理人：艾某的赔偿比例是20%，实际上他已支付给我方3万元。

审判长：双方对赔偿问题有无签订书面协议？

原告代理人：没有。

审判长：被告李某对原告的回答是否有异议？

被告代理人：有异议，被告艾某赔了多少钱我们不清楚，但双方把艾某的赔偿比例划分为20%是不妥当的，本案中原告也应自负部分责任的。

审判长：被告徐某对原告的回答是否有异议？

被告徐：没有。

审判长：被告艾某，刚才原告回答法庭的问题是否属实？

被告艾：事实，我已付给他30000元。

审判长：被告艾某，你与原告方进行协商，是否表示你与原告的赔偿问题已作了结？

被告艾：是了结了。

审判长：原告方，你们是否认为被告艾某的赔偿问题已处理完毕？

原告代理人：他本人应承担的份额是了结了，但我们认为本案是共同侵权，他对被告李某应赔偿的部分应承担的责任是没有协商处理的。

审判长：被告艾某，对刚才原告的陈述，你是否有异议？

被告艾：没有异议。

审判长：法庭调查结束，现在进行法庭辩论，双方围绕本案争议的焦点，即被告各方对本次交通事故应否承担责任，承担何种责任，结合证据及举证责任分摊原则，对事实应如何认定及如何适用法律发表辩论意见，先由原告方发言。

原告代理人：本代理人发表如下代理意见：

一、死者林某发生水上交通事故，其责任是极小部分的，也就是原告诉状中认为的10%。理由：

1. 从原告本身的意愿看，林某是不负事故责任的，但现在省地方海事局已认定林某负次要责任，我们也只能予以认可，海事局据以认为林某有负责，是认为其没有离开驾驶室，导致了损失的扩大，但其作为驾驶员，坐在驾驶室中是没有过错的，其不可能预料到会发生事故，因此他坐在驾驶室中与结果之间是没有必然的因果关系的。

2. 从我国司法精神看，他本人已经死亡，现在再追究其责任，也是不人道的，既然死者负有次要责任中的一定原因，也应从司法人道方面予以考虑，即应承担次要责任中的最小比例。

二、原告的诉请证据确凿充分。

1. 现在被告方提出异议的只是火化费、调解费和修理费，但我方认为，这三项费用均是实际支出的，是客观存在的；且本代理人认为，该赔偿费用也不应适用道路交通事故处理办法中的规定，而适用民法通则的规定。

2. 对于其他的费用，被告方没有提出异议，本代理人不再阐述。

3. 关于林一的抚养费，林一的抚养年数，应根据其出生年月，每年以3156元计算，本代理人认为，该笔费用应由死者林某承担，从水阁村委出具的证明材料，能证明原告谭某是身体不好的，林某生前也是抚养她的，我们应根据死者生前实际抚养人的情况进行认定。

4. 关于精神抚慰金5000元，被告在答辩时未提出异议，本代理人人为，该部分请求是合理合法的。原告谭某本身就身体不好，现在丈夫死亡，又要抚养小孩，对其精神上造成了巨大的损失；林某的父母，也已是年迈的老人，其老年丧子也是很痛苦的事。因此，原告方提出5000元的精神损失费，是合法合理的，请法庭予以支持。

5. 关于交通费，虽然我们未直接提供证据，但为了处理本案，这也是原告实际所支付的，请法庭酌情予以考虑。

三、被告李某应承担70%的赔偿责任。从两份责任认定书看，被告李某应负的均是主要责任，其违章行为与事故发生之间存在着因果关系，作为主要责任范围的60%至90%，故该请求并未超过该责任范围，请法庭予以支持。

四、在于鲁 KA1699 号自卸车的车主是谁的问题，经过庭审，已经能认定是徐某。该车行驶证载明该车的法定车主系徐某，在今天的庭审中，虽然被告李某、徐某辩称实际车主系李某，但未能举证证明。如被告徐某认为其不是车主，在港航部门进行调查时，也是可以陈述意见的，但现在港航部门也认定徐某是车主。

五、关于三被告的连带责任问题：我方认为，被告李某应承担赔偿81964.61元的责任，根据水上交通事故处理办法规定，水上的交通事故是参照道路交通事故处理办法处理的；被告徐某作为肇事车的车主，应承担垫付责任；被告艾某作为本案的共同侵权人，应承担连带赔偿责任。

综上，请法庭依法支持原告的诉讼请求。

审判长：下面由被告李某或代理人发表辩论意见。

被告代理人：本代理人代为发表如下代理意见：

一、关于在本案中，原、被告三方的赔偿比例问题：

1. 在今天的庭审过程中，原告和被告艾某自认艾某承担赔偿的比例是20%，被告艾某对此也进行了确认。从重新责任认定书可以看出，本案的事故三方均负有责任，原告的家属也应承担次要责任，但没有确定三方的承担比例，因此，本代理人认为，在此情况下，按法律的公平原则，两位次要责任的当事人承担的比例应当是相同的，否则就不能体现法律的公平性，更何况原告方也没有证据能证实其责任小于被告艾某。

2. 本案中李某应负事故的主要责任，但本代理人认为，有三方责任的情况下，负主要责任的一方并不一定要承担60%以上的责任。本案主要是因为违章才造成事故的，被告艾某没有在轮胎下垫三角木是一个违章，林某没有按照规定离开驾驶室也是一种违章，他们的违章仅次于李某，因此，我们认为，本案应按照4∶3∶3的比例进行赔偿。

3. 关于林一的抚养费，我们在质证时已提出，根据法律规定，父亲有抚养子女的义务，原告方提供的一份村委证明，不足以证实原告的待证事实，且村委与原告有利害关系，关于原告是否有抚养能力，也不是村委所能证明的，而是由相关的医疗部门或是民政部门进行证明，因此，林一的抚养费，应由林某和谭某共同承担，即原告所主张的费用应减半。

4. 对林二的赡养费，在事故发生时林二已70周岁，根据法律规定，仅能计算5年的赡养费，而非10年；叶某的赡养费计算10年是正确的。

5. 关于家属误工费，原告是按15天计算的，但这个数额是如何确定的并没有证明，按照规定，家属误工费只能在调解时计算2天，丧葬时再计算几天，总共也不可能达到 15 天，对此请法庭予以审查，按实际计算。

6. 对于调解费，本代理人已阐述过，没有法律依据，不予赔偿。

7. 对原告诉请的精神抚慰金，根据规定，死亡补偿费内已包含了精神抚慰的性质，不能重复计算。

8. 交通费问题，原告方到目前为止未提供证据，应不予认定。

9. 对车辆修理费，票据形式不合法，更何况原告也没有证据能证明车辆有损坏的情况，因此不应赔偿。

二、关于肇事车的车主问题：在今天的庭审中，李某承认其是实际车主。即使如原告方所述，实际车主是徐某，那么李某就只是一种职务行为，对于职务行为所造成的后果，也应由车主承担，那么原告起诉要求李某承担责任就不能成立，其主张是自相矛盾的，在法律上也是无法认定的。对于被告提供的汽车转让协议书，可能是由于徐某对法律知识的缺乏，其也没有请代理人参加诉讼，因此可能对有些规定不太清楚，因此本代理人认为，其所提供的协议书，应作为新的证据予以认定。

综上，请法庭作出公正的处理。

审判长：下面由被告徐某发表辩论意见。

被告徐：车子已经转让给李某，因该车给他人造成的损害，应由实际车主李某承担责任，我不应承担责任。

审判长：下面由被告艾某发表辩论意见。

被告艾：我该负的责任都已经负了，我不应承担连带责任。

审判长：第一轮法庭辩论结束，下面进行第二轮法庭辩论，已陈述的辩论意见不得重复。

原告代理人：补充如下意见：

一、对于原告提出的 4∶3∶3 的责任比例，本代理人不予认同。责任认定书中所认定的，是林某与艾某共同承担次要责任，李某负主要责任，其所承担的比例不可能少于 60%。在本案中，是由于李某的违章才造成本案的事故发生。

二、关于林二的赡养问题：根据法律规定，70 周岁以上的只能计算 5 年的赡养费，但这里涉及 70 岁包括本数与否的问题，本代理人理解，70 岁应是周岁而非虚数，根据林二的出生年月，当时应为 70 周岁。

审判长：被告李某是否有补充？

被告代理人：补充如下意见：

一、关于赔偿比例，坚持第一轮的意见，本案应按照 4：3：3 的比例进行赔偿。

二、关于 70 周岁是否包括本数（70 岁）的问题：对此道路交通事故处理办法是有规定的，本代理人认为，应该包括 70 周岁本数，否则如果从 60 岁至 71 岁的，这其中就是 11 年，而非 10 年。

审判长：法庭辩论结束。依照《中华人民共和国民事诉讼法》的有关规定，现在双方当事人可以陈述最后意见。

原告代理人：请求法庭支持原告的诉请。

被告代理人：同意按照 4：3：3 的比例承担相应的赔偿责任。

被告徐：我不应该承担责任。

被告艾：我已承担了 20% 的责任，不同意再承担责任。

审判长：依照《中华人民共和国民事诉讼法》的有关规定，人民法院审理民事案件应当根据自愿和合法原则进行调解，双方当事人是否愿意调解解决本案？

原告代理人：同意。

被告李：同意。

被告徐：同意。

被告艾：同意。

审判长：现在休庭进行调解。

（敲击法槌）

（合议庭主持进行调解）

审判人员及当事人进入审判庭。

审判长：（敲击法槌）现在继续开庭。双方当事人说明调解意见？

原告代理人：经与被告协商，双方当事人已自行达成和解协议，现原告向法院申请撤回起诉。

（合议庭现场评议）

审判长：双方当事人已当庭自行达成和解协议，原告向本院申请撤诉，经合议庭评议认为，原、被告已自行和解，本案纠纷已经消除，原告申请撤诉，符合法律规定，应予准许。依照《中华人民共和国民事诉讼法》第一百三十一条第一款的规定，裁定如下：

准许原告谭某、林一、林二、叶某撤回起诉。

案件受理费 2970 元，减半收取 1485 元，其他诉讼费用 300 元，合计人民币 1785 元，由原告负担。

上述裁定，双方有无听清？

原告代理人：听清了。

被告李：已听清。

被告徐：听清了。

被告艾：听清了。

审判长：上述裁定为口头裁定，正式裁定书文本庭审结束后十日内送达。请双方当事人核对庭审笔录后签字。闭庭！

（敲击法槌）

审判长：

审判员：

审判员：

书记员：

 Tips

对于宣读起诉状的，可略记为"详见起诉状"。

民事案件庭审笔录实例 2——离婚财产纠纷

书记员：宣布法庭纪律（略）

书记员：核对双方当事人身份。（略）

审判员：××市××区人民法院××法庭，今天依法公开开庭审理原告王女士诉被告钟先生离婚后财产纠纷一案，现在开庭，本案适用简易程序，由××市××区人民法院审判员周某任审理，本院书记员万某担任本庭记录。

审判员：告知权利义务（略）。

审判员：原告未经法庭允许中途退庭按照自动撤诉处理；被告未经法庭允许中途退庭可以依法缺席判决、拘传；如果双方当事人认为审理本案的审判员、书记员与本案有利害关系，可能会影响本案的公正审理，可以申请回避。双方当事人听清楚了吗？是否申请回避？

均：听清楚了，不申请回避。

审判员：现在开庭法庭调查，原告陈述诉求、事实及理由。

原告：原告王女士与被告钟先生于2007年9月19日登记结婚，双方系再婚，婚后无子女，2008年原告与被告在位于某市房山区窦店镇某院内建房间4间，并对院内老房8间进行装修。2009年原、被告在院内外种树3000余棵，2010年9月该院拆迁，所有拆迁补偿款80余万元均被被告领走，2012年8月21日原、被告双方经法院调解离婚，详见某市房山区法院（2012）房民初字第56789号民事调解书，但是对夫妻财产没有进行分割，要求法院依法确认拆迁款170000元归原告所有，回迁房40平米归原告所有。诉讼费由被告承担。

审判员：原告对诉讼请求有增加、放弃、变更的吗？

原告：都没有。

审判员：下面由被告进行答辩。

被告：不同意原告的诉讼请求。提交答辩状。答辩意见如下：

一、原告诉求索要的是拆迁款、回迁房，而某市房山区窦店镇二街村该院拆迁安置补偿还涉及钟先生女儿的权益。他们都属于拆迁人，因此原告的案由有问题，本案案由应当是"房屋拆迁安置补偿合同纠纷"，还应增加诉讼主体，建议法官驳回原告诉讼请求。

二、原告在起诉书中陈述的事实不符合实际。首先，窦店镇二街村的拆迁日期是2010年9月12日，而原告的户口是2010年12月3日从河北省承德市迁入房山区窦店镇。拆迁时不属于房山区窦店镇二街村集体组织成员，不应享受拆迁区位补偿款。其次，该院内拆迁的房屋都是被告在1990年8月以前自建的，而原告与被告是2007年9月19日登记结婚。因此拆迁房屋都属于被告的婚前财产，不存在共建房屋和共种树木。房屋拆迁款应属被告所有。此外，原告于2011年10月下旬拿走拆迁款3.5万元。

综上所述，原告的诉讼请求不符合事实和法律规定，请求法院依法驳回其诉讼请求。

审判员：下面由原告方举证。

原告：提交证据一，2012 年 6 月 15 日开庭笔录复印件一份，证明 83 万多拆迁款都由被告拿走保管。2012 年 4 月我们以分家析产案由起诉过钟先生以及其子女，开庭笔录中被告明确表示 83 万多拆迁款被其拿走的事实。

提交证据二，(2012) 房民初字第 12345 号民事判决书，法院查明的事实中，原、被告结婚后共同居住在窦店镇二街村五区 30 号，共获得拆迁款83.1257 万元，该款项均由被告保管。

审判员：请被告质证。

被告：对上述证据一、二没有异议，上述判决已经驳回了原告的诉讼请求。

审判员：下面由被告举证。

被告：证据一，2011 年 8 月 13 日的房产证明，窦店镇二街村村委会证明，证明被拆迁房屋是由被告在 1990 年 8 月之前由被告建造的。

证据二，2012 年 3 月 28 日证明，周转费已到期。

证据三，两个证人，证明房屋是被告和原告结婚之前建造的。证明原告的户籍在 2010 年 12 月 3 日从河北省迁入窦店镇二街村。

审判员：下面由原告质证。

原告：对证据一，村委会出具的房产证明，不符合实际，不是事实。双方结婚时，确有婚前的八间房，结婚后又建了四间房，还装修了五间房。

对证据二，到现在拆迁房还未入住，因此周转费还在继续发放，这份证据是假的。开庭时被告说周转费并没有实际花费。

对证据三，户口本的真实性认可，但是对关联性不认可，但是实际登记日期并不代表户口迁入日期，有可能是不一致的，拆迁时王女士户口已经迁至了窦店镇二街村。拆迁之前，王女士的河北省户口已经迁出，在河北省就不再享有农民宅基地，拆迁时王女士应当在窦店镇二街村享有宅基地，拆迁的区位补偿款应当有王女士的份额。

被告：原告主张以户口迁出为准，原告应当提供证据，证明原告是什么时候迁出的。回迁房不是白给的，是每平米一千八百元买的，有安置房并不代表有区位补偿款。

审判员：原告继续举证。

原告：提交证据三，结婚证复印件一份；证据四，民事调解书复印件一份；证据五，房屋拆迁补偿回迁安置协议复印件一张和发放补助及奖励确认单复印件一张。我的证据还不完整，因为拆迁补偿安置协议在被告手里，是上次开庭时被告向法庭提交的。

审判员：下面由被告质证。

被告：对证据三、四、五没有异议。

审判员：原告王女士与被告钟先生于2007年9月19日登记结婚，双方系再婚，婚后无子女。婚后原告与被告在位于某市房山区窦店镇二街村五区30号院，双方对此有无争议？

原告：没有争议。

被告：没有争议。

审判员：当时院内还有其他人一起居住吗？

被告：当时一起住的还有我的两个女儿。

原告：当时被告的父亲也在30院内居住。

被告：我父亲没有一起居住。

审判员：原告，你结婚过去时院内都有哪些房和设施？

原告：我过去时院里共有八间房，北正房四间，东、西配房两边各两间，没有什么附属设施了。只有一棵枣树。

审判员：原告，陈述下结婚后你新建和装修情况。

原告：2007年10月份，院内原有八间房，被告婚前装修了三间房。我们结婚登记后，我装修了剩余的五间房。2008年四五月份，被告的父亲过去，我们给养着。后来说要拆迁，2009年春天，我们又建了四间房，东、西配房各两间。还种了约150棵左右的树木。

被告：原告，你描述下建的四间房是什么结构？

原告：用砖，抹上沙和石灰一层层砌的，顶是用的檩条。

被告：留了几个窗户？

原告：两个窗户，一个门。门两边各一个窗户，后墙没有后窗户。门是塑料的。

审判员：被告，你对原告关于建房和种树的陈述是什么意见？

被告：对原告建四间房和种树的陈述不认可。

审判员：原告，你的户籍原来在哪里？什么时候迁过来的？

原告：在河北，2009 年迁过来的，2009 年六七月份办的户籍迁移手续，正式迁入窦店二街村是 2009 年 9 月迁入。我们拆迁的时候说不以户口，是以结婚说的。

审判员：被告，是什么时候签订的拆迁补偿协议和发放补助及奖励确认单？

被告：是 2009 年签订的。总共领取了房屋拆迁补偿 58 万，拆迁奖励 10 万多，还有周转费。此外，还有给家庭的困难补助 13 万多。

原告：我补充一点，后来被告又领取了 139264 元发放给家庭的困难补助。

审判员：被告，83 万多元钱是谁领的？

被告：都是我领的，现在没有这么多了，银行现在存了 76 万元。少的部分中，原告拿走了 3.5 万元，其他是大杂院租房和我和两个女儿的生活费用花费的。

原告：我没有拿 3.5 万元拆迁款。

审判员：被告，生活费能做具体解释吗？

被告：包括律师费、租房水电费等，都属于正常生活消费。

原告：上次和今天这两次开庭期间只有短短四个月，被告花掉了六万，不合理。子女花掉的不应当是共同财产消费。

审判员：被告，你们家非农业户的是谁？

被告：是我女儿。

审判员：被告，你们签订的拆迁协议有拆迁补偿评估报告吗？

被告：没有。拆迁协议和评估报告签订完后就交上去了。

原告：所有手续都在被告处。对于被告多次主张的案由问题，可以依法由法院查明的事实调整。

审判员：被告，证人的名字？

被告：证人一个叫李某，是瓦工；还有一个叫常某，是木工。都是给我建房的人。

审判员：证人一李某出庭。

证人一：我叫李某，男，汉族，农民，住窦店镇二街村。

审判员：你的职业是？

证人一：我是瓦工。

审判员：被告家建房的情况你知道吗？

证人一：我们是同一年给的宅基地。1987 年 6 月份盖了东房四间，西房是 1990 年 8 月份盖的。

审判员：院内还有其他房吗？

证人一：正房北房是 1984 年建的。

审判员：房屋都有几间？

证人一：北房四间、东房四间、西房四间。

审判员：建房时你去了吗？当时都有谁？

证人一：我去帮被告建房了，当时瓦工有四个，木工有两个。

审判员：干了多长时间？

证人一：东房盖了三天，西房盖了四天，我说的是瓦工活。盖北房时我没有去。

审判员：东西房都什么结构，多大？

证人一：砖木结构的。

审判员：双方有无问题向证人提问？

原告：东房四间都是一起起来的吗？

证人一：是一起起来的。

原告：四个瓦工干了三天，瓦工都有谁？

证人一：四个瓦工包括周某、王某、李某。

审判员：木工是谁？

证人一：木工不是我们村的。

审判员：工钱怎么算？

证人一：我们不要钱，是帮工的。其他人我不知道要不要钱。

审判员：四间东房都是什么结构？

证人一：都是砖木结构的。

审判员：西房呢？瓦工还是你们四个吗？

证人一：西房也是一起起来的。

审判员：建房时被告家里都有谁？

证人一：有被告的前妻和两个女儿。

被告：我没有问题提问。

审判员：证人退庭。庭后阅读笔录无误后签字确认。

审判员：证人的基本情况。

证人二：我叫常某，男，汉族，木工，住某市房山区窦店一街村。

审判员：证人，被告家建房的情况你知道吗？

证人二：被告的东房是87年6月份我帮给建的，西房是1990年8月份给建的。我和被告是发小，有活被告都找我。

审判员：你是帮忙还是雇佣？

证人二：我是帮忙的，没有工钱。我给找了其他一个工人。

审判员：当时东房有几间？

证人二：87年当时建了东房两间，没过几年建西房时又建了两间。1990年8月建了四间西房。

审判员：木工干了几天？

证人二：就干了一天。我们去之前有瓦工在干活。具体有多少瓦工我记不清了。

审判员：北房是什么时候建的？

证人二：是1983年左右父母给建的。

审判员：双方有无问题向证人提问？

原告：当时建房被告家里有谁？前妻在吗？

证人二：年头太长了，记不清了。

被告：没有问题提问。

审判员：证人退庭。庭后阅读笔录无误后签字确认。

审判员：双方对证人证言发表意见？

原告：证人证言不可信。1. 两个证人之间证言都不一致。一个说东房四间一起起来的，另外一个说隔了几年建起来的。第一个证人说建房时见到了被告的前妻，第二个证人被打断了问题。两人之间的陈述有矛盾。2. 两个证人都与证人存在亲密关系，是发小，建房不收钱的。所以两证人的证言不可信。

被告：证人证言说拆迁的12间房都是1990年以前建的，和村委会证明一致。原告的主张没有任何证据支持。

审判员：被告，房屋什么时候取得宅基地的？

被告：是我82年复员回来，我向大队申请的宅基地。

审判员：被告，都有哪些房屋？什么时候建的？

被告：我东房建了四间，是同时建的，1987年建的。1990年建了四间西房。正北房四间是1982年建的，北房是我父母给建的。

审判员：建房当时都有谁居住？

被告：当时是我和两个女儿一起住，我和前妻1995年判决离婚的。

审判员：拆迁时都有哪些补偿？

被告：拆迁货币补偿后，还有安置房。安置人口是4个人，人均40平米，40平米内按照1800元每平回购。现在回迁房正在建。还没有签回购协议。

审判员：双方还有证据补充吗？

原告：没有了。

被告：没有了。

审判员：双方对事实还有补充吗？

原告：没有了。

被告：拆迁补偿和房屋安置是两个政策，不是说安置房有谁的，拆迁补偿就有谁，这是两个政策。

审判员：法庭调查结束，下面进行法庭辩论，原告方发表辩论意见。

原告：根据庭审和证据，原告作为窦店基地项目被安置人员之一，应当享有相关拆迁待遇。我们诉讼请求中的17万元的计算方法：1. 区位补偿款27.6万元，在册农业户口的三人，三人均分，我方应分9.2万元；2. 周转费四个人均分，21600元，是之前发放的。2012年之后发放的另行主张；3. 提前搬家费共10000元，当时就被告和原告两人居住，应当两人均分，一人5000元；4. 房屋重置成新价，婚后共同建房四间，原告应当享有两间，即六分之一；5. 地上地下补偿款，原告和被告应当均分；6. 搬家补助费应当两人均分，每人1581元；7. 购房补助与奖励确认单，确认安置人口四人，支持建设奖、移交配合奖应当原、被告均分，三万元；安家置业费四人均分。还有困难补助13万多应当四人均分。被告说的案由的问题，法庭可以根据实际查明的事实确定案由。

被告：原告的诉讼请求不符合法律规定和事实。原、被告两人分拆迁款，会损害被告之女的利益；原告不应享受区位补偿和十二间房屋补偿。坚持我的答辩意见。

审判员：双方当事人还有新的辩论意见吗？

均：没有。

审判员：鉴于本案还有一些事实需要调查核实。本次庭审到此，下次开庭时间另行通知。本案笔录不当庭宣读，可于 5 日内前来查阅，双方当事人查阅笔录，无误后签字，现在休庭。

（敲击法槌）

Tips

本例是适用"简易程序"审理的民事案件。简易程序是相对于普通程序而言的，根据《民事诉讼法》的规定，简易程序只适用于事实清楚，权利、义务关系明确，争议不大的简单民事案件，其起诉方式、受理案件的程序、传唤方式简便，审理实行独任制（法院不组成合议庭，审理人员包括一名审判员和一名书记员），程序简便（不受普通程序有关规定的限制）。经双方当事人协商人民法院同意的可以使用简易程序，而且当事人不得协议排除适用简易程序。

1. 书记员在进行简易程序的庭审记录时要注意以下几个问题：

（1）正文部分与普通一审案件有所不同，简易程序的正文不受法庭调查、法庭辩论程序的严格限制。

（2）对于审判人员关于当事人权利义务的告知、争议焦点的概括、证据的认定、裁判的宣告等重大事项必须记入笔录。

（3）当事人申请回避、自认、撤诉、和解等重大事项要记入笔录。

（4）当事人当庭陈述的与其诉讼权利直接相关的其他事项也必须记入笔录。

2. 不适用简易程序的情况：

（1）起诉时被告一方下落不明的；

（2）发回重审和再审的案件；

（3）非诉程序；

（4）共同诉讼中一方或双方当事人人数众多的。

民事案件庭审笔录实例3——民间借贷二审

书：宣读法庭纪律（略）

审：核对各方当事人及其委托代理人的身份。

上诉人（原审被告）姚某，男，1967年10月1日出生，汉族，某集团有限公司副书记，住某市某区阳光路19号3号楼2单元401号。（未到庭）

委托代理人陈某，男，1984年10月26日出生，汉族，某集团有限公司法律顾问，住某市东新村二区3号楼。

审：被上诉人陈述名称、出生年月、工作单位、住所地、法定代表人和委托代理人身份情况？

被上诉人（原审原告）杜某，女，1962年8月5日出生，汉族，某公司退休职工，住某市某小区11号楼4单元102号。

委托代理人郭某，男，1964年10月22日出生，汉族，无业，住某市某小区1号楼2单元301室。

审：原审被告陈述名称、住所地、法定代表人和委托代理人身份情况？

原审被告刘某，女，1968年1月8日出生，汉族，无业，住某市阳光路45号2号楼1单元201号。

长：上诉人对被上诉人、原审被告出庭人员有无异议？

上代：无异议。

长：被上诉人对上诉人、原审被告出庭人员有无异议？

被：无异议。

审：经本庭核对，上诉人、被上诉人、原审被告的出庭人员符合法律规定，可以参加本案诉讼。本院已于开庭三日前将开庭传票、合议庭组成人员通知书、举证通知书、诉讼权利义务告知书、诉讼风险提示书送达各方当事人，庭前进行了公告，本次开庭符合法律规定。

审：上诉人确认诉讼送达地址？

上代：送达地址某市车站街45号某集团经管部，收件人陈某。

审：被上诉人确认诉讼送达地址？

被：送达地址某市某小区11号楼4单元102号，收件人杜某。

原被：送达地址某市阳光路45号2号楼1单元201号，收件人刘某。

审：根据最高人民法院《关于以法院专递方式邮寄送达民事诉讼文书的若干规定》第一条、第三条、第四条、第五条和第十一条的规定，因受送达人自己提供或者确认的送达地址不准确、拒不提供送达地址、送达地址变更未及时告知人民法院、受送达人本人或者受送达人指定的代收人拒绝签收、导致诉讼文书未能被受送达人实际接收的，文书退回之日视为送达之日。

审：各方是否听明白？

均：明白。

长：根据《中华人民共和国民事诉讼法》第一百六十九条之规定，云南省昆明市中级人民法院民事审判第五庭，今天在这里依法公开审理上诉人姚某因与被上诉人杜某，原审被告刘某民间借贷纠纷不服（2012）丽民初字第1042号民事判决上诉一案。（敲击法槌）现在开庭。

长：根据《中华人民共和国民事诉讼法》第四十条之规定，本案由审判员宋某任审判长，与审判员吴某、代理审判员华某组成合议庭，书记员屈某担任法庭记录。

（审判长告知各方诉讼权利义务。略）

长：对本庭宣读的诉讼权利和义务，上诉人是否清楚？被上诉人是否清楚？

均：清楚。

长：（审判长告知构成回避情形，询问各方否申请回避。略）

均：不申请。

长：现在开始法庭调查。鉴于原审判决（或裁定）和上诉状均已送达各方当事人，在此不再宣读。法庭调查的重点是双方争议的事实，对上述原审判决已经认定且当事人无争议的事实不再做法庭调查。法庭调查的方式采取当事人陈述、举证、质证和合议庭认证的形式。当事人应当对自己提出的主张提供证据，反驳对方主张的，也应提供证据或说明理由。证据应当提供原件，并且逐一说明证据的形成时间、名称、来源、主要内容及证明目的。对方质证时，对有异议的证据，应逐一说明异议内容。有证不举或举证不能的，应承担对自己不利的法律后果。提供伪证的，应当负法律责任。

长：上诉人明确上诉请求。

上代：详见上诉状（略）

长：被上诉人进行答辩。

被：我方之所以借钱给刘某是基于对其丈夫姚某的信任，借给刘某的款项还包括我弟弟郭二的卖房款。借款是真实的，姚某承担连带责任是合理合法的。

长：原审被告陈述答辩意见。

原被：向被上诉人杜某借款和交付是真实的，所借款项没有用于家庭生活是过桥资金交给上家了，被上诉人对此知情，上诉人姚某对此并不知情，而且我与姚某生活资金是 AA 制的。

审：刘某与姚某什么时候结婚？

原被：我们 1991 年结婚，孩子出生于 1992 年，我当时在文具工厂工作，2003 年调到春生饲料厂，该公司破产后我回到某市无业，回到某市与姚某住在阳光路某小区单位宿舍，该住所是姚某单位的房子。2011 年 7 月我在该小区买了套二手房，原房主叫周三，133 万元成交，130 平方米，具体地址是阳光路某小区 2 号楼 3 单元 201 室，当时姚某的父母住了两个月，现在空着房子。2012 年 6 月 12 日离婚，协议约定由男方抚养孩子，女方名下一套房子，男方名下一辆汽车。

审：刘某怎么认识的被上诉人？

原被：通过朋友介绍认识。

审：双方间还有无其他业务关系？

原被：我还在被上诉人处办理的信用卡。

被：我有好多朋友在银行办理信用卡，我通过给刘某代办一张信用卡认识的，有共同的宗教爱好就熟悉了。2011 年 4 月开始刘某向我借款，她说朋友在银行当行长需要用钱，用于做资金过桥，用几个月接着归还。第一笔 10 万元，约定归还的时候连本带息一起归还，借期一个月，利息 10%。

审：借钱时被上诉人认识姚某吗？

被：认识。借钱前一年 2010 年我就认识刘某，我去过姚某的房子。

审：被上诉人陈述第二笔 40 万元的借款情况？

被：与第一笔情况相同，约定利息 10%。

审：总共打了几张条？

被：三张。2011年3月14日的条全部清了，没有给我们的滚到4月23日的条上了。

审：刘某对这几笔钱有异议吗？

原被：没有异议。

审：原审被告对借款金额有异议吗？

原被：对借款金额不再争议，对还款金额也不再争议。

上代：我方对原审被告及被上诉人方的借款不知情，但是对借款的真实性存有异议。

审：上诉人有证据证明借款不真实吗？

上代：没有。

长：上诉人有无新证据提交？

上代：证据一、姚某与刘某离婚协议书一份，证明双方婚姻关系存续期间不存在共同债务，已经分居一年半之久；证据二、刘某与姚某离婚证。

长：被上诉人发表质证意见。

被代：对离婚证的真实性无异议，但是在我方起诉后上诉人与刘某离婚的。离婚协议中约定男方不再承担连带责任，是不可能的。

审：原审被告质证。

原被：对离婚证及离婚协议真实性无异议，2011年后我与姚某就已经处于分居状态，对我的经济往来不知情。

审：刘某将借款用于哪了？

原被：用于上手田某，他是德州人，在某市晨旭投资有限公司当总经理，我有田某给我打的借条，田某当时跟我说在银行做过桥用，后来案发了我知道田某将资金都投到了内蒙，我在高新区公安局报了案，有公安局的报案记录。

审：原审被告庭后提交报案记录。

原被：明白。

审：上诉人继续举证。

上代：姚某与刘某10年就处于分居状态。

证据二、申请证人付某、邢某出庭作证。

审：传证人邢某出庭。

审：证人向法庭陈述你的姓名，性别，出生年月，民族，工作单位，家庭住址。

证：邢某，男，1953 年 5 月 8 日出生，汉族，原某省军区人民武装学院副院长，住某市某区某路 11 号 1 号楼 2 单元 401 号。

审：（核对证人身份证件后）上诉人对证人身份有无异议？被上诉人对证人身份有无异议？

均：没有。

审：证人邢某，依照《中华人民共和国民事诉讼法》第七十二条、七十三条、七十四条之规定，本庭今天传你出庭为上诉人姚某与被上诉人杜某民间借贷纠纷一案作证。你要将所知道的案件情况如实向本庭作出陈述，并如实回答双方当事人的发问。如作伪证，要承担相应的法律责任。证人，你听明白了吗？

证：明白。

审：上诉人发问。

上代：杜某和刘某你都认识吗？

证：认识。是我介绍认识的，他俩之间的事我不清楚。2010 年秋天刘某跟我讲田某做过桥收益很好，我认识田某，说与银行有联系也比较放心，我跟杜某说过，杜某说手里没钱就把这事放下了。后来田某案发后我才知道杜某与刘某之间还有这回事。田某给我们都打借条，落款是田某个人，我给客户也是打借条，按月返利，田某给我们钱我们再给客户钱，我与田某之间也有 50 万元的资金往来。

审：田某给你们多少利息？

证：10% 的利息，有时给 8%。

审：你付给客户多少利息？

证：一般一到两个点，也有三四个点的。剩余的我们就自己留下，挣点小钱。

审：证人认识姚某吗？

证：不熟，但是知道是刘某的老公。

审：对姚某了解多少？

证：仅知道是某集团的工作人员，没有见过，原来与刘某的关系很好是一般的家庭，后来这些事暴露出来后姚某没法工作生活也无法正常就离婚了。

上代：跟杜某谈没谈过杜某和刘某之间借款的事实？

证：过程谈过。

上代：姚某参没参与本案的过程？

证：没有，对他们的家庭状况也不了解，给我感觉姚某也不会参与都是刘某自己做。

审：田某给刘某的利息是多少？

证：我不知道，每个人的情况不一样。田某开始给我的点也不高是后来熟了我给他要的。

上代：证人核实下之前对本案做的证人证言，内容和签字是否一致？

证：没有异议。

审：还有无向法庭发问的问题？

被代：证人对姚某及刘某的婚姻状况了解吗？

证：不了解。

被代：证人你说姚某不知道刘某在外做什么？

证：刘某在外面说过她做这些事她丈夫不高兴，我的理解是姚某与刘某间没有沟通的条件，她一说这事姚某就烦。

审：证人退庭。

审：传证人付某出庭。

审：证人向法庭陈述你的姓名，性别，出生年月，民族，工作单位，家庭住址。

证：付某，男，1957 年 6 月 16 日出生，汉族，无业，住某市某区十方街6 号 2 单元 503 号。

审：（核对证人身份证件后）上诉人对证人身份有无异议？被上诉人对证人身份有无异议？

均：没有。

审：证人付某，依照《中华人民共和国民事诉讼法》第七十二条、七十三条、七十四条之规定，本庭今天传你出庭为上诉人姚某与被上诉人杜某民间借贷纠纷一案作证。你要将所知道的案件情况如实向本庭作出陈述，并如实回答双方当事人的发问。如作伪证，要承担相应的法律责任。证人，你听明白了吗？

证：明白。

审：上诉人对证人发问。

上代：证人借给刘某房子的时间？

证：2010 年春节前。

上代：当时怎么跟你说借房子的原因？

证：有事借房子用一下，我当时还有点顾虑，她老公能否同意，刘某说没事，她老公不管她的事。后来就把房子借给她了。

上代：是否说过借房子的原因？

证：刘某说姚某是个安静的人，想做点事怕打扰他。我知道刘某做拆借资金的事，后来邻居给我打电话说挺乱人出出进进的，我提醒过刘某。

上代：你认识姚某吗？

证：不认识。

上代：2011 年 3 月你向刘某借过 3 万元的事陈述一下。有没有说过给姚某解释下？

证：我当时资金也紧张，在中国建设银行有房贷，刘某说他们之间经济独立，不需要她老公知道她的事。

上代：证人核实下庭前作的证人证言。

证：无异议。

审：对证人还有无发问？

被代：刘某用了你房子多久？

证：两年半，2011 年 6 月就收回了。

被代：在你的房子干什么？

证：居住也办公，我的房子里配备很齐全，当时我们约定的月租 1200 元，后来通过银行给我打过两万余元，2012 年 10 月我孩子结婚我就把房子要回来了。

被：刘某跟我们说她去烟台找你把钱投你那好几百万？

证：借给我 15 万元。

审：还有无发问？

均：没有。

审：证人退庭。

审：双方对证人证言发表质证意见。

上代：付某证言证明姚某与刘某已经分居，经济相互独立。邢某的证言证明杜某与刘某间的借款是委托投资行为，杜某对借款用途知情，姚某没有参与刘某的资金拆借业务。

被：对证人证言有异议。

被代：邢某的证言不能证明本案的借款姚某不知道借款用途，我方把钱给刘某后姚某是否知道证人无法知情。付某的证言只证明租给刘某房子，又如何知道刘某与姚某是否分居，都是猜测。

原被：对证言没有意见。

审：刘某什么时候开始做拆借？

原被：2009 年底直到 2011 年五六月田某出事。除了被上诉人我还借了十几个都放在田某那。田某现在处于监视居住状态，我在公安机关报案了 1580 多万元。本金还了我 84 万元，利息还了 250 多万，我把钱都还给客户了。

审：刘某常住内蒙要回钱了吗？

原被：要回 5 万元，被上诉人申请查封了我 5 万元。我去年在内蒙住了两个月，今年前一段时间回来的。

审：房子是谁买的？

原被：我名下的房子是我买的，我首付 60 万元，贷款 73 万元。首付姚某出了 20 万元，我出了 40 万元。

审：田某每月给你多少利息？

原被：8%～10%。每月大约给我百十万。

审：现在房子的还贷情况？

原被：房贷还了十几万。

审：田某每月给你的百十万你如何支配？

原被：又放进去了，最后一笔 100 多万田某都没有给我打条。

长：法庭调查结束。下面进行法庭辩论。本庭提醒各方当事人注意，对本庭已经认定的无争议的事实和证据，不得再进行辩论。各方在法庭调查阶段已经发表过的对证据的质证意见，合议庭已听明白并记录在案，如无新的意见，不得重复发言。法庭辩论应围绕各方争执的事实（可根据具体案情点出具体的争议）、责任的承担及法律适用问题进行。辩论应当实事求是，以理服人，不得进行人身攻击。上诉人是否明白？被上诉人是否明白？

均：明白。

长：上诉人发言。

上代：第一，上诉人对举债事实不知情，没有共同举债意思表示，被上诉人没有向夫妻双方借款的意思，双方借据可以证明被上诉人出具借条系刘某个人行为，姚某对此不知情也没有签字事后也没有认可。第二，离婚协议可以证明婚姻存续期间自认没有其他债务，本案不是夫妻共同合意的行为。第三，姚某和杜某互不相识，如此大额举债超出正常生活的范围应征得姚某的同意，但是被上诉人没有以任何形式与姚某取得联系。第四，上诉人与刘某长期感情不和，向杜某借款期间双方已经分居不可能共同举债。邢某证明姚某没有参与资金拆借。本案借款没有用于家庭生活而是用于资金拆借，刘某已经把钱打给田某，上诉人及其家庭未从中获益，杜某对借款用途知情。2010年起双方处于分居，经济和工作相互独立，不存在共同生活的事实。刘某在资金拆借中也是受害的，借款的本金和收益不可能用于家庭生活。被上诉人对借款用途承担举证责任。（详见代理词）

长：被上诉人发言。

被：基于对姚某的信任我才把钱借给刘某。刘某在该项目上挣钱后姚某也受益了，所以上诉人陈述刘某的借款没有用于家庭生活不成立。

长：上诉人是否还有补充意见？

上代：没有。

长：被上诉人是否还有补充意见？

被代：没有。

长：法庭辩论终结。

长：上诉人陈述最后意见。

上代：坚持上诉请求。

长：被上诉人陈述最后意见。

被代：姚某应承担连带责任，坚持答辩意见。

长：原审被告陈述最后意见。

原被：我自己承担所有欠款，负责归还所有欠款并且我也有能力。

长：依照《中华人民共和国民事诉讼法》第九条之规定，民事案件可以进行调解。调解的优点是缓解矛盾，减轻诉累，便于执行；根据《国务院诉讼费用交纳办法》第十五条之规定，以调解方式结案的，减半交纳案件受理费，因此调解解决纠纷，还能节省诉讼成本。根据本案的案情，调解有利于化解矛盾、修复当事人之间的关系，实现案结事了及和谐。上诉人是否同意调解？

上代：同意。

长：被上诉人是否同意调解？

被代：同意。

长：鉴于各方调解意见差距较大，经合议庭合议，本庭不再在庭上调解，休庭后分别征求各方意见，进行庭下调解，如调解不成，合议庭评议后将依法判决。宣判的时间、地点另行通知。现在休庭。

（敲击法槌）

Tips

在实际庭审过程中，为了提高录入速度，称谓可简略记录，具体如表 17 所示：

表 17 称谓简称

全称	审判长	审判员	原告	原告代理人	被告	上诉代理人	原审被告
简称	长	审/员	原	原代	被	上代	原被

当一方当事人有多人时，可附加中文数字予以区别，如"一被、二被、证人一、证人二、第三人"等。

本案为二审案件，记录时要注意各方当事人的称谓，尤其在做简称记录时，一定要清晰区分，不能产生歧义。

项目 二

刑事案件庭审速录

一、实训目的

1. 熟练掌握刑事案件庭审速录的基本技巧，提高录入的速度和准确率；

2. 掌握刑事案件庭审笔录的一般格式和要求；

3. 熟悉刑事案件庭审工作流程；

4. 锻炼心理素质与观察能力。

二、实训条件

实训地点：速录实训室、模拟法庭或法院。

设备条件：多媒体计算机，选配亚伟中文速录机、打印机等。

三、实训内容及要求

刑事案件是指犯罪嫌疑人或者被告人被指控涉嫌侵犯了刑法所保护的社会关系，国家为了追究犯罪嫌疑人或者被告人的刑事责任而进行立案侦查、审判并给予刑事制裁（如有期徒刑、死刑、罚金、剥夺政治权利等）的案件。

刑事案件庭审笔录是书记员对刑事案件法庭审理过程和内容的记载和反映。人民法院书记员只有制作的刑事案件庭审笔录客观、全面、准确、高效地反映庭审全貌，才能为法官准确定罪量刑提供重要依据。

本项目模拟刑事庭审过程进行工作实务训练，实训结束时，需要提交当庭速录稿和校对稿。

（一）"庭前"工作

1. 熟悉案情。刑事案件开庭前熟悉案情是必要的，这是保证记录迅速、准确的有效方式。开庭前，书记员应根据合议庭拟出的法庭审理提纲，熟悉合议庭成员在庭审过程中的具体分工，起诉书指控的犯罪事实、重点内容和认定性质方面的要点，讯问被告人时的要点，控辩双方拟出庭作证的证人、鉴定人和勘验、检查笔录制作人，控辩双方拟当庭宣读、出示的证人书面证词、物证和其他证据的目录。早做准备，使庭审记录时做到有条不紊、处变不乱。此外，在参与讯问被告人时，要注意对被告人的表达能力、讲话特点进行观察，做到心中有数。

2. 造词和自定义。根据事先了解的情况，对案例当中所涉及的人名和地名等专业词汇进行造词、自定义和快捷键的设置。这一部分在前文的"民事庭审速录"中介绍的较为详细，这里不再赘述。

3. 做好笔录模板。相同内容，不再赘述，附上刑事案件庭审笔录的格式样板，以供参考。

××××人民法院刑事审判庭
开庭笔录

开庭时间： 年 月 日 午 时

开庭地点：

合议庭组成人员：

书记员：

案　由：

公诉人：××××人民检察院检察员

书记员：宣布法庭纪律。（略）

审判长：××××人民法院刑事审判庭现在开庭（敲击法槌）。将被告人提押到庭。（如果被告人在押的话就用传被告人到庭。）

（法警将被告人提押到庭后）／（被告人到庭后）

审判长：现核对被告人身份情况。被告人你向本院说明你的身份及基本情况。

被告：……（可以通过阅卷庭前录入，当庭复核，这样可以节省时间也不容易出错，对填写基本情况留白三行即可。）

审判长：被告人你以前是否受过法律处分？

被告：＿＿＿＿＿＿＿＿＿＿

审判长：被告人你被采取强制措施的情况？

被告：＿＿＿＿＿＿＿＿＿＿

审判长：被告人你什么时间收到起诉书副本？

被告：201 年 月 日收到起诉书副本。

审判长：刑事附带民事诉讼原告人的基本情况？

原告：_____

诉讼代理人：_____

审判长：根据《中华人民共和国刑事诉讼法》第一百七十八条的规定，本庭依法（不）公开审理×××人民检察院向本院提起公诉的被告人_____一案，本庭由审判员_____、_____、_____组成合议庭，_____担任审判长，法庭记录由书记员_____担任。×××人民检察院检察员_____出庭支持公诉。

审判长：根据《中华人民共和国刑事诉讼法》第二十八条、第二十九条、第三十条、第三十一条（回避）、第三十二条、第三十三条（辩护）、第四十四条（受害人委托代理人）、第一百九十二条（调取证据）、第一百九十三条（最后陈述）的有关规定，被告人在法庭审理过程中依法享有下列诉讼权利：

（适用条款保留，对于不适用的要记得删除）

（1）可以申请合议庭组成人员、书记员、公诉人等回避。申请回避的须说明回避的理由。被告人是否申请回避？

被告：_____

审判长：（2）可以提出证据，申请通知新的证人到庭，调取新的证据，要求重新鉴定或勘验检查。（3）被告人可以自行辩护也可以委托他人为其辩护。被告人本院在给你送达起诉书副本时，你明确表示不请律师为你辩护，因此，在今天的庭审活动中，你只能自行辩护，你清楚了吗？（1. 本院在给你送达起诉书副本时，你表示请求法院通过××人为你聘请律师，本院在和他联系时，他拒绝为你聘请辩护律师，因此在今天的庭审活动中，你只能自行辩护，你清楚了吗？2. 本院在给你送达起诉书副本时，你表示请求法院通过××人为你聘请律师，他为你聘请了××律师为你辩护，因此，在今天的庭审活动中，你可以委托他为你辩护，也可以自行辩护，你清楚了吗？）（两种情况，二选一，保留需要的情况）

被告：_____

审判长：（4）被告人可在法庭辩论终结后作最后的陈述。被告人听清楚了吗？

被告：_____

审判长：法庭准备工作结束，公诉人对法庭准备工作有何意见？

公诉人：_____

审判长：今天的庭审活动分以下阶段进行：1. 法庭调查；2. 法庭辩论；3. 被告人作最后陈述；4. 评议和宣判（视情况，如果需要当庭宣判的话审判长会事先提示的，如果提示说没有的就不用这一点了）。

审判长：现由公诉人宣读起诉书。被告人站起来。

公诉人：宣读××省××市××区人民检察院×检刑诉2016 号起诉书。（略，详见起诉书）

审判长：被告人坐下，你对起诉书所指控的犯罪事实和罪名有何异议？

被告：_____

审判长：被告人×××对起诉书所指控的犯罪事实和罪名没有异议，本庭将采取被告人认罪程序进行审理。被告人是否同意？

被告：_____

审判长：公诉人是否同意？

公诉人：_____

审判长：公诉人是否向被告人进行讯问？

公诉人：_____

审判长：现由控辩双方进行举证。先由公诉人向法庭提供证据。

公诉人：_____

审判长：（图片）法警将现场图及照片给被告人辨认。

（被告人辨认后）

审判长：被告人对上述证据是否有异议？

被告：_____

审判长：被告人对公诉机关所举的上述证据没有异议，公诉机关所举的上述证据来源合法，客观真实，能够证明本案的事实，可作为本案的定案依据，本庭予以确认。

审判长：下面由被告人向法庭提供证据。

被告：_____

审判长：公诉人是否有新的证据？

公诉人：_____

审判长：被告人是否有新的证据？

被告：_____

审判长：法庭调查结束，现进行法庭辩论。先由公诉人发表公诉词。

公诉人：_____

审判长：下面由被告人自行辩护。

被告：_____

审判长：公诉人是否有新的辩论意见？

公诉人：_____

审判长：被告人是否有新的辩护意见？

被告：_____

审判长：法庭辩论结束，现由被告人作最后陈述。

被告：_____

审判长：今天的庭审活动到此结束，本案的评议和宣判另定时间进行。被告人在庭后核对庭审笔录后签名捺印。休庭后将被告人押回看守所继续羁押。现在休庭（敲击法槌）。

审判长：

审判员：

审判员：

书记员：

（二）"庭中"工作

刑事公诉案件开庭分为法庭调查、法庭辩论、被告人最后陈述等几个主要阶段，记录时应把几个阶段区分开来，掌握不同阶段的不同特点。另一方面，审判程序是否合法，也是检验办案质量，实行审判监督的依据，也是历史检验有关诉讼过程的第一手重要资料，对程序的记录要客观、真实、清晰。

1. 法庭调查前的工作。开庭时，审判长依照刑事诉讼法的有关规定，核对当事人是否到庭，宣布案由、宣布合议庭组成人员、书记员、公诉人、辩护人、诉讼代理人、鉴定人和翻译人员名单，告知当事人权利和义务，是否申请回避等，均应记入笔录。

2. 法庭调查阶段。法庭调查阶段的记录一定要准确、具体。

（1）对审判长（员）的讯问，要记清要点和关键性问话。

（2）对被告人答话、语气、声调、神态、表情、动作等应客观记录。

（3）对法庭核对有关证据的过程，如出示书证、物证的，宣读证据材料的，应记明出示书证、物证的名称，证据材料的要点或出处。

（4）控、辩双方对证据、证人提出的质、辩要重点记清。

（5）证人证言说法的变化，被告人对证据的反应和意见都应完善、详实地记录。

3. 法庭辩论阶段。在法庭辩论阶段中，辩论各方就案件的事实、情节、性质、后果、责任承担、量刑意见等发表或提出看法、观点、理由、依据进行辩论的，要做详细记载，以供讨论案件时分析、研究、参考。

4. 最后陈述阶段。在被告人最后陈述阶段，对被告人的最后陈述要尽可能地记全，记下原话原意，如被告人有书面的最后陈述、意见，可在闭庭后收取附卷。

（三）"庭后"工作

笔录整理，排版校对，装订成册，阅卷签名。

四、记录要点与录入技巧

下面给出做好刑事庭审速录工作的几点特别提示：

1. 掌握犯罪的基本理论（如犯罪主体、犯罪客体、犯罪构成、刑罚的相关理论等），各种具体犯罪的构成要件以及相关的法律、法规。

2. 不断总结各类刑事案件庭审记录的共同点。

（1）记清涉及犯罪构成要件。

（2）记清涉及定罪量刑的六大要素——犯罪时间、地点、手段、后果、动机、目的。

（3）记录被告人陈述的语气、声调、动作、表情等。

3. 熟悉几类常见类型刑事案件的记录要点。

（1）盗窃案件。在记录盗窃案件时，必须准确记录被告人的出生日期，精确到"日"（年满 14 不满 16 周岁减轻处罚）；被告人犯罪时的主观心理状态（仅直接故意构成犯罪，间接故意、过失不构成）；盗窃的手段；盗窃财物的数量；盗窃的情节（作案的原因、地点、目标、后果、是否自首、认罪态度、退赃情况、过去表现、群众反映等）；这些都是法官判定被告人的行为是否构成盗窃罪及如何量刑的重要依据。

（2）抢劫案件。抢劫案件的记录要点有：被告人抢劫的手段（暴力、胁迫、对人身实施强制、作案时间、作案工具、作案过程）；抢劫的结果（既遂未遂、抢劫何种财物、数量、对被害人人身伤害情况等）；抢劫的故意（仅由直接故意构成，即对非法占有财产以及侵犯人身权利的行为是否存在故意）；抢劫的准备（如购买凶器、密谋计划、商讨分工等，证明主观故意）。

（3）故意伤害案件。记录要点有：伤害的故意（故意、过失）；犯罪的过程（手段、工具、打击部位、强度、引起后果、造成影响等）；犯罪情节（对法定情节要详记，如致人重伤、致人死亡、对检举揭发拘捕犯罪分子和制止犯罪行为的国家工作人员和公民行凶伤害等）；被害人是否有过错；伤害引起的经济损失（刑事附带民事案件，医疗费、误工费等）。

（4）贪污受贿案件。记录要点：犯罪主体（国家工作人员或委托经营国有资产的人员）；主观故意（以非法占有为目的，索取、非法收受）；犯罪客体（公务行为廉洁性、公私财物所有权）；客观方面（利用职务便利为他人谋私利）；犯罪情节，即如何利用的职务便利，如何实施的受贿（主动索取、间接受贿、回扣、手续费等）。

下面给出了刑事庭审中的几个典型实例供大家参考学习。

刑事案件庭审笔录实例1——抢劫

案情简介： 2015 年 11 月 6 日凌晨，被告人李某携带菜刀至某区某镇某村一收费岗亭，见被害人独自一人在岗亭内值班，遂进入并持刀架于被害人颈部，要求其交出营业款。因被害人事先已将营业款转移存放，被告人李某在岗亭抽屉内翻找未果后逃逸。公安机关接被害人报警后，经侦查将被告人抓获。

开庭时间：2016 年 1 月 28 日上午 9 时 45 分

开庭地点：××法庭　　　第一次开庭

合议庭组成人员：审判员张三（审判长）、审判员李四、人民陪审员王五

书记员：赵六

公诉人：××市××区人民检察院检察员刘七

案　由：李某涉嫌抢劫罪被公诉

书记员：下面宣读法庭纪律（略）

书记员：法庭纪律宣读完毕。全体起立，请审判长、审判员、人民陪审员入庭。

书记员：请坐下。

书记员：报告审判长，庭前准备工作就绪，请主持开庭。

审判长：现在开庭（敲击法槌）。提被告人李某到庭（法警执行）。

审判长：被告人，你的姓名、出生年月、民族、出生地、文化程度、职业、住址。

被告人：李某，1992年8月3日出生，汉族，出生地××省××市，高中文化，无业，住××省××市××路108号。

审判长：以前有没有受过司法机关的处分？

被告人：2004年7月因敲诈勒索公私财物被某市公安局某区分局处治安拘留十天；2004年10月因非法携带管制刀具被某市公安局某区分局处治安拘留十五日；2010年10月因吸毒被某市公安局某区分局处行政拘留十五日，并责令接受社区戒毒三年；2011年3月因吸毒被某市公安局某区分局决定强制隔离戒毒二年；2013年4月因吸毒被某市公安局某区分局决定强制隔离戒毒二年。

审判长：这次因何事被采取强制措施、种类、时间？

被告人：2015年11月21日因涉嫌抢劫罪被某市公安局某区分局刑事拘留，2015年12月3日经检察院批准，次日由某市公安局某区分局执行逮捕。

审判长：被告人，本院依法向你送达的某市某区人民检察院起诉书副本收到了吗？

被告人：收到了。

审判长：今天某市某区人民法院刑事审判庭对某市某区人民检察院提起公诉的被告人李某抢劫一案，依法进行公开开庭审理。根据法律规定和检察院的建议，并征得被告人的同意，本案适用简易程序进行审理。本案由审判员张三担任审判长，与审判员李四、人民陪审员王五组成合议庭，书记员赵六担任法庭记录。某市某区人民检察院检察员刘七出庭支持公诉。根据法律规定，被告人在庭审中享有申请回避的权利，如果被告人认为审判人员、书记员、公诉人与本案有利害关系或其他关系，可能影响本案公正审理的，可以提出理由，申请调换。被告人，你是否申请上述人员回避？

被告人：不申请。

审判长：根据中华人民共和国刑事诉讼法的规定，被告人在庭审中还享有下列诉讼权利：一、可以提出证据，申请通知新的证人到庭、调取新的证据，对鉴定勘验结论有权提出重新鉴定或勘验。二、本院在送达起诉书副本的时候告知被告人享有的辩护权利，被告人可以委托辩护人进行辩护，也可以自行辩护。三、可以在法庭辩论终结后作最后陈述。被告人，告知你的上述权利都听清了吗？

被告人：听清楚了。

审判长：下面由公诉人宣读起诉书。

公诉人：宣读起诉书（略，详见起诉书）。

审判长：被告人李某对公诉人宣读起诉书的犯罪事实（包括起诉指控的时间、地点、起因、手段、结果、情节）及罪名有没有意见？

被告人：没有。

审判长：是否自愿认罪？

被告人：自愿认罪。

审判长：公诉人可以讯问被告人。

公诉人：你向检察机关、公安机关所作的供述是否属实？

被告人：是。

公诉人：你为什么要抢劫？

被告人：因为吸毒，脑子不受控制。

公诉人：你之前是否认识被害人？

被告人：是的。

审判长：你抢劫作案工具现在在哪里？

被告人：丢掉了。

审判长：你之前是在这个岗亭工作过是吗？

被告人：是的。

审判长：公诉人举证。

公诉人：本院指控被告人的犯罪事实有下列证据证实：（详见证据卷）

1. 常住人口登记表、行政处罚决定书、责令社区戒毒决定书、强制隔离戒毒决定书，证实李某的主体身份及有敲诈勒索、吸毒等劣迹。

2. 受案登记表、工作情况、在逃人员登记表/撤销表，证实本案案发及抓获被告人李某的经过。

3. 现场勘验笔录，证实案发现场情况。

4. 调取证据清单，证实案发时段某收费岗亭监控录像已调取在案。

5. 被害人李某某的陈述及辨认笔录。

6. 证人毛某的证言。

7. 被告人李某的供述，对抢劫事实供认不讳。

审判长：被告人是否有意见？

被告人：没有意见。

审判长：被告人有没有证据向法庭提供？

被告人：没有。

审判长：法庭调查结束，下面进行法庭辩论，公诉人可以发表公诉意见。

公诉人：为便于法庭准确对被告人适用法律和恰当量刑，公诉人发表以下公诉意见，供法庭参考并采纳：被告人李某以非法占有为目的，采用持刀威胁的方法劫取钱款，其行为已经触犯刑法，犯罪事实清楚，证据确实、充分，应当以抢劫罪追究其刑事责任。被告人李某已着手实施抢劫，因其意志外原因未得逞，系犯罪未遂，根据相关规定，可以比照既遂犯从轻或减轻处罚。被告人李某能如实供述罪行，根据相关法律规定，可以从轻处罚。其有多次劣迹，酌情应该从重处罚。

审判长：被告人可以为自己辩护。

被告人：无。

审判长：法庭辩论结束，根据法律规定，被告人有最后陈述的权利，被告人李某，你最后有什么要求、想法、认识要向法庭陈述的？

被告人：我认罪，希望从轻处罚。

审判长：现在休庭（敲击法槌）！（合议庭合议）

书记员：全体起立，请审判长、审判员、人民审判员退庭。

书记员：全体起立，请审判长、审判员、人民审判员入庭就座。

审判长：现在继续开庭（敲击法槌）！传被告人到庭（法警执行）。

书记员：全体起立。（审判长宣读判决内容）

审判长：现在宣判：被告人李某抢劫一案，本院依法进行了公开开庭审理，讯问了被告人，听取了被告人的意见及被告人的最后陈述，核实了有关证据，本庭认为，本案的事实已经查清，证据确实、充分，应当当庭宣判。结合本案的犯罪事实、危害后果及赃物已追缴等情节，本院在量刑时一并予以体现。据此，依照相关法律规定判决如下：

被告人李某犯抢劫罪，判处有期徒刑两年九个月，罚金人民币六千元。

书记员：请坐下。

审判长：今天是口头判决，判决书将在五日内送达给你。如不服本判决，可在收到判决书的第二日起十日内，通过本院或直接上诉于某市第二中级人民法院。书面上诉的应当提交上诉状正本一份，副本两份。退庭后，被告人应当阅看庭审记录，如记载有遗漏或差错，可以要求补充或更正，确认无误后，应在笔录上签名。被告人，你听清楚没有？

被告人：听清楚了。

审判长：现在闭庭（敲击法槌）。将被告人带下去（法警执行）。

审判长：

陪审员：

人民陪审员：

书记员：

刑事案件庭审笔录实例2——交通肇事

案情简介： 2015年9月19日晚18时左右，被告人李某驾驶轻型货车，在某市某区外环路某处，由北向西右转弯时，未观察周围情况，将由北向南行驶的张某驾驶的普通两轮电动车刮倒，致张某颅脑损伤，经抢救无效于2015年9月29日死亡。经某市交通支队认定，李某负此次事故全部责任。检察机关认为，被告人李某违反交通运输管理法规，因而发生交通事故，致一人死亡，负事故全部责任，其行为触犯了《中华人民共和国刑法》的规定，犯罪事实清楚，证据确实、充分，应当以交通肇事罪追究其刑事责任。

（庭前工作略）

审判员：提被告人到庭（法警押上），核对被告人身份。

被告人：李某，男，1972年12月9日出生于××省××市，身份证号码：9903541972120977777，汉族，高中文化，住××省××市××镇李村。

审判员：被告人李某，被捕前是否曾受过司法机关的处分？是何原因？

被告人：2011年11月10日因犯交通肇事罪，被某省某县人民法院判处有期徒刑一年，缓刑二年。

审判员：是否参加过党派团体？

被告人：没有。

审判员：何时被拘留？何时被逮捕？是何原因？

被告人：拘留时间为2015年11月5日，逮捕时间为2015年11月19日，因涉嫌交通肇事罪被逮捕。

审判员：被告人收到某市某区人民检察院起诉状副本了吗？何时收到的？

被告人：收到了，2016年1月5日收到的。

审判员：被告人认罪吗？

被告人：认罪。

审判员：本案适用简易程序审理你同意吗？

被告人：同意。

审判员：依据《中华人民共和国刑事诉讼法》第一百七十八条、二百零八条、二百一十条、二百一十一条的规定，本院依法公开审理某市某区人民检察院提起公诉的被告人李某涉嫌犯交通肇事罪一案，本案依法适用简易程序进行审理，由审判员张三担任审判长，与人民陪审员李四、王五组成合议庭，书记员赵六担任法庭记录。某市某区人民检察院指派代理检察员刘七出庭支持公诉。

审判员：1. 根据刑诉法第二十八条、第二十九条、第三十一条的规定，当事人及法定代理人、辩护人在法庭审理中依法享有申请回避权。是否申请回避？

被告人：不申请。

审判员：2. 根据刑诉法第一百九十二条的规定，当事人和辩护人、诉讼代理人有权申请通知新的证人到庭，调取新的物证，申请重新鉴定或者勘验。是否听清，是否申请？

被告人：听清了。不申请。

审判员：3. 根据刑诉法第一百八十五条、第一百九十三条的规定，被告人除享有上述权利外，还有自行辩护的权利，最后陈述的权利。听清了吗？

被告人：听清了。

审判员：现在开始法庭调查。首先由公诉人宣读起诉书。

公诉人：宣读起诉书。（略）

审判员：被告人，公诉人宣读的起诉书你听清了吗？

被告人：听清了。

审判员：与你收到的起诉书副本内容一致吗？

被告人：一致。

审判员：你对起诉书指控的事实及罪名有没有异议？

被告人：没有异议。

审判员：被告人，对起诉书指控的事实有需要补充或更正的吗？

被告人：起诉书的车牌号不对，应该是×AB789C。

审判员：你是自愿认罪吗？

被告人：自愿认罪。

审判员：下面由公诉人对被告人进行讯问。

公诉人：你在公安机关的供述是否属实？

被告人：属实。

公诉人：案发当天你开的车是谁的？

被告人：车是刘某的车。

公诉人：你去干什么？

被告人：我从某区某医院回某市场。

公诉人：有准驾车型吗？

被告人：有，B2。

公诉人：怎么出现事故的？

被告人：我拐弯的时候没有发现。

公诉人：单位距离水屯哪里有多远，需要多长时间？

被告人：三五分钟。

公诉人：谁跟你说撞人了？

被告人：一个女同志，我不认识，然后我找现场，途中报警，然后在现场等警察，然后拍照后跟警察一起去交通队做笔录。

公诉人：与被害人家属做好协议了吗？

被告人：没有协调。

审判员：你上一次被判刑是什么原因？

被告人：骑摩托没牌照，也没有驾驶证，受害人重伤。

审判员：为什么赔偿问题一直没有解决？

被告人：当时不知道什么情况，一直没有到交通队协调，一直在等着。

审判员：赔偿问题，你现在想怎么解决？

被告人：我现在没有赔偿能力。

审判员：有没有揭发检举他人犯罪行为？

被告人：没有。

审判员：现在由控辩双方举证、质证，首先由公诉人向法庭出示证据，被告人质证。

公诉人：（详见证据卷第 1~65 页）

证据 1，被告人李某的供述与辩解。

证据 2，证人张某的证言及辨认笔录。

证据 3，证人刘某的证言及辨认笔录。

证据 4，道路交通事故现场勘验笔录、现场照片。

证据 5，法大法庭科学技术鉴定研究所司法鉴定意见书。

证据 6，诊断证明、居民死亡医学证明书、尸体检查鉴定书。

证据 7，证人杨某的证言。

证据 8，道路交通事故调查报告、道路交通事故认定书。

证据 9，常住人口信息、居民身份证、户口本、驾驶证、行驶证复印件。

（被害人）

证据 10，常住人口基本信息、常住人口登记表、刑事判决书（被告人）。

证据 11，驾驶证、行驶证复印件、驾驶人、机动车信息查询结果单。

证据 12，接报案经过、122 报警台事故电话记录表。

证据 13，破案报告、到案经过。

被告人：以上均无异议。

审判员：被告人是否有证据向法庭提供？

被告人：没有证据提供。

审判员：被告人是否申请通知新的证人到庭，调取新的物证，申请重新鉴定或勘验？

被告人：不申请。

审判员：法庭调查结束，下面进行法庭辩论，首先由公诉人发表公诉词。

公诉人：根据《中华人民共和国刑事诉讼法》和《人民检察院组织法》的有关规定，我以国家公诉人的身份，出席本院提出公诉的被告人李某涉嫌犯交通肇事罪一案的法庭审理并履行法律监督职责。

在刚才的法庭调查中，通过讯问被告人，宣读证人证言，出示相关证据材料，充分证实本院起诉书中指控的被告人李某涉嫌犯交通肇事罪事实清楚，证据确实充分，被告人的行为构成交通肇事罪。被告人在事故后自动投案，如实供述，是自首，可以从轻或减轻处罚，被告人未赔偿损失取得谅解，建议判处被告人李某有期徒刑一年至一年六个月。

审判员：被告人自行辩护。

被告人：没有辩护意见，我服从法院判决。

审判员：公诉人有新的意见吗？

公诉人：没有。

审判员：被告人做最后陈述。

被告人：我向被害人家属表示歉意，请求法庭对我从轻处罚，给我一次改正的机会，早日与家人团聚。

审判员：合议庭合议后择日宣判，现在休庭（敲法槌）。将被告人李某带出法庭，送回某区看守所继续羁押。（法警执行）

 Tips

本例是适用"简易程序"审理的刑事案件。

根据《刑事诉讼法》的有关规定，下列情况可以适用简易程序审理：

（1）基层人民法院管辖的案件；

（2）案件事实清楚、证据充分的；

（3）被告人承认自己所犯罪行，对指控的犯罪事实没有异议的；

（4）被告人对适用简易程序没有异议的。

不适用简易程序的情况：

（1）被告人是盲、聋、哑人，或者是尚未完全丧失辨认或者控制自己行为能力的精神病人的；

（2）有重大社会影响的；

（3）共同犯罪案件中部分被告人不认罪或者对适用简易程序有异议的；

（4）其他不宜适用简易程序审理的。

书记员在进行刑事案件简易程序庭审记录时要注意：

（1）适用简易程序审理案件，对可能判处三年有期徒刑以下刑罚的，可以组成合议庭进行审判，也可以由审判员一人独任审判；对可能判处的有期徒刑超过三年的，应当组成合议庭进行审判。适用简易程序审理公诉案件，人民检察院应当派员出席法庭。

（2）应当将审判人员讯问被告人对指控的犯罪事实的意见、告知被告人适用简易程序审理的法律规定、确认被告人是否同意适用简易程序审理的过程记录清楚。

（3）适用简易程序审理案件，不受关于送达期限、讯问被告人、询问证人、鉴定人、出示证据、法庭辩论程序规定的限制；经审判人员许可，被告人及其辩护人可以同公诉人、自诉人及其诉讼代理人互相辩论；但在判决宣告前应当听取被告人的最后陈述意见。

刑事案件庭审笔录实例3——贪污

案情简介：公诉机关指控，2003年2月至2009年12月，被告人赵某任某市科技开发公司（注册地某区，全民所有制企业）总经理，负责公司全面工作，并分管报销审批、支票支出审批等财务管理工作。2006年9月至2009年11月，被告人赵某利用职务便利侵吞公款人民币115615.76元。公诉机关认为，被告人赵某的行为应当以贪污罪追究其刑事责任。

（庭前工作略）

审判长：现在开庭（敲击法槌）。请执庭法警带被告人到庭。（法警执行）

审判长：现在核实被告人身份信息。

被告人：赵某，男，1963 年 11 月出生于山东省巨鹿县，汉族，某市科技开发公司总经理。我因涉嫌犯贪污罪，于 2013 年 6 月 4 日被某市公安局某分局刑事拘留，于 2013 年 6 月 21 日被某市公安局某分局逮捕。2014 年 6 月 19 日收到某市某区人民检察院起诉书副本。

审判长：现在开庭。某市某区人民法院今天根据《中华人民共和国刑事诉讼法》有关规定，依法公开开庭审理某市某区人民检察院提起公诉的被告人赵某贪污一案。本法庭由代理审判员张三担任审判长，与人民陪审员李四、王五组成合议庭，书记员孙六任法庭记录。某市某区人民检察院指派代理检察员刘七出庭支持公诉，某市大明律师事务所律师董某出庭为赵某辩护。你是否听清了？

被告人：听清楚了。

审判长：根据《中华人民共和国刑事诉讼法》的规定，在法庭审理过程中，被告人有权申请回避；有权申请通知新的证人到庭、调取新的物证、申请重新鉴定或者勘验；有权进行辩护；被告人还有权作出最后陈述。你听明白了吗？

被告人：听明白了。

审判长：你是否申请回避？

被告人：不申请回避。

审判长：辩护人是否申请回避？

辩护人：不申请回避。

审判长：现在开始法庭调查。请公诉人宣读起诉书。

公诉人：宣读（2013）××检刑诉字第 1234 号起诉书。（略）

审判长：你听清了吗？

被告人：听清了。

审判长：被告人，公诉人宣读的起诉书与你收到的那份是否一致？

被告人：一致。

审判长：被告人赵某，你对起诉书指控的事实及罪名有何异议？

被告人：对钱款有异议。我的钱都是用在客户上了。购物卡是我的秘书跟我说他要打点国税局的人管我要的。还有机票的问题，我认为我的机票不是假的，我也没有套取现金。还有那个车是我们公司的公用车，不是我个人的。

审判长：下面进行法庭讯问。首先由公诉人发问。

公诉人：你能说清客户的信息吗？

被告人：因为时间太久了，我记不清楚了，我记得中山基地和我们所里的人。

公诉人：单位的公款可以招待客人吗？公司别人有这么做的吗？

被告人：应该没有。

公诉人：还有谁知道？

被告人：送东西这种事不可能让别人知道。

公诉人：为什么会有假机票报销的情况？

被告人：真假机票我不可能看出来。

公诉人：你在侦查机关做得笔录内容是真实的吗？

被告人：不是。

公诉人：公安机关有刑讯逼供的行为吗？

被告人：没有。

公诉人：为什么会有公车私用的行为？

被告人：我没有。

公诉人：那为什么修车费的报销钱都给你呢？

被告人：很多员工都在用。

公诉人：正常的报销规定？

被告人：没有。

公诉人：审判长，公诉人发问完毕。

审判长：辩护人需要发问？

辩护人：你的家属要退赔，你同意吗？

被告人：可以。

辩护人：报销的流程？

被告人：安排人员之后，告诉由该人员报销。之后我就不管了。回来找我签字后去报销。

辩护人：你有跟李某合谋吗？

被告人：没有。

辩护人：为什么口供里有给你钱？

被告人：因为李某给过我报销的钱，所以我就承认了。

辩护人：证据卷五的单据是真的吗？

被告人：我没有能力判别。

辩护人：你是怎么办的娱乐城的卡？

被告人：我拿着支票去的娱乐城办的。

辩护人：钱经你手了吗？

被告人：没有。

辩护人：为什么在预审口供里说的是私人消费了呢？

被告人：预审给我作口供的时候说让我认了就没事了。

辩护人：审判长，辩护人发问完毕。

审判长：正常的使用公车是什么流程？

被告人：我们一般是租车，也有时候是向上级请示。

审判长：下面进行法庭质证。首先由公诉人向法庭举证。

公诉人：宣读第一起的事实证据，被告人赵某的供述与辩解。

审判长：被告人有何意见。

被告人：当时预审跟我说让我认轻从罪，重罪就不给我算了。所以我就认了。

审判长：辩护人有何意见？

辩护人：口供不应该作为定案证据。应该调取同步录像。

审判长：公诉人有什么意见？

公诉人：公诉人认为证据有效力，刚才被告人和辩护人认可罪名，只是不承认重罪。至于供述重复的问题，公诉人认为根据刑事诉讼法规定的情况下，没有规定笔录重复情况下排除口供。因此辩护人提出的情况没有根据。

反而公诉人认为笔录重复是很正常的现象，因为在同一个案件的情况下经常会有重复的情况。还有辩护人认为的口供是非法的话可以提出相关的证据。质证意见发表完毕。

审判长：辩护人有什么意见？

辩护人：公诉人的意见是违反逻辑的。就算是被告人认轻罪，我认为这份口供证据也应该有一个转换的过程。

审判长：公诉人有何补充意见？

公诉人：对于辩护人提出的诱供现象仅仅是辩护人一面之词，没有任何证据。公诉人认为没有证据不能认定。因此，公诉人认为应当采信被告人的口供。

审判长：请公诉人继续举证。

公诉人：宣读干部履历表、某科技集团研究所任命文件、某科技集团研究所情况说明，企业法人营业执照及企业信息查询情况。

审判长：被告人有何意见？

被告人：没有。

审判长：辩护人有何意见？

辩护人：没有。

公诉人：宣读证人雷某的证言。

审判长：被告人有何意见？

被告人：我俩有私人恩怨，所以他这么说话。

审判长：辩护人有何意见？

辩护人：没有。

公诉人：宣读证人程某的证言。

审判长：被告人有何意见。

被告人：没有。

审判长：辩护人有何意见。

辩护人：这个钱是证人和被告人拿走的。支票汇到哪里是可以查的。证人的证言是假的。

审判长：公诉人有什么意见？

公诉人：公诉人说支票是假的，公诉人是采用专业机构的认定。

审判长：请法警传证人程某到庭。

审判长：证人，请说一下你个人的情况？

证人程某：我叫程某，男，汉族，住某市，公司员工。

审判长：今天你作为证人出庭，应当庭如实作证，这点你清楚吗？

证人程某：清楚。

审判长：请你在证人保证书上签字。

证人程某：好的。

审判长：请公诉人和辩护人对证人进行询问？

公诉人：你知道娱乐城俱乐部吗？

证人程某：没有听说，也没有去过。

公诉人：这里有两张娱乐城健身的票据，有你的签字，你能说一下情况吗？请法警向证人出示一下。

证人程某：我们老板财务报销的时候就会找我们，不一定找谁签。

公诉人：2008 年左右单位机票报销流程？

证人程某：从李某那里买机票，有的时候可能直接去机场买。

公诉人：报销的时候会附凭据吗？

证人程某：我不清楚。

公诉人：你个人报销过吗？

证人程某：我记不清楚了。

公诉人：上级单位对公车私用有规定吗？

证人程某：我不知道。

公诉人：你用过被告人的车出差吗？

证人程某：不记得，但是有一次去中山时是用的。

公诉人：他的车用的多吗？

证人程某：有的时候用。

公诉人：公诉人发问完毕。

审判长：请辩护人询问证人。

辩护人：这个行程单上写的都有你身份证号，你能证明每次都是你去的吗？

证人程某：我带了我的笔记，我去了哪里我都会记下来。

辩护人：辩护人发问完毕。

审判长：请证人退出法庭。

公诉人：宣读付款凭证、费用报销单。

审判长：被告人有何意见。

被告人：没有。

审判长：辩护人有何意见。

辩护人：没有。

审判长：因为时间关系，现在休庭（敲击法槌）。请法警把被告人带出法庭。下次开庭另行通知。（法警执行）

项目三

行政案件庭审速录

一、实训目的

1. 熟练掌握行政案件庭审速录的基本技巧，提高录入的速度和准确率；
2. 掌握行政案件庭审笔录的一般格式和要求；
3. 熟悉行政案件庭审工作流程；
4. 锻炼心理素质与观察能力。

二、实训条件

实训地点：速录实训室、模拟法庭或法院。
设备条件：多媒体计算机、选配亚伟中文速录机和打印机。

三、实训内容及要求

行政案件是指行政相对人对行政机关或者法律、法规授权的组织对其所作出的具体行政行为不服而引发争议的案件。本项目模拟行政庭审过程进行工作实务训练，实训结束时，需要提交当庭速录稿和校对稿。

（一）"庭前"工作

庭前阅卷，对案例当中所涉及的人名和地名等专业词汇进行造词、自定义和快捷键的设置，并做好笔录模板。相同内容，这里不再赘述。

（二）"庭中"工作

正确把握并记录开庭审理程序、阶段。行政诉讼法没有明确规定开庭程序，根据人民法院多年的审判实践，一般遵循"开庭调查、法庭辩论、评议判决、公开宣判"这几个阶段。进行法庭记录时，应注意区分不同阶段并把握记录重点，做到层次分明、规范清晰。

（三）"庭后"工作

笔录整理，排版校对，装订成册，阅卷签名。

四、记录要点与录入技巧

庭审笔录有其统一的样式，在前文中已述，在此仅对行政审判法庭速录时应注意的问题给出几点特别提示。

1. 正确把握行政审判的特点是做好行政案件庭审速录工作的前提和基础。行政审判和刑事、民事审判相比有许多特点，有些特点与法庭审理笔录的制作密切相关。从一般意义上而言，书记员在制作各类行政案件庭审笔录的过程中，需要从两个方向理清思路。一是行政案件司法审查的标准，即审查被诉具体行政行为的合法性，包括：行政主体资格审查、行政职权审查、行政程序审查、作出行政行为所依据的事实、证据、法律、法规等规范性文件的审查。二是原告、被告双方质证的基本思路，即在庭审过程中，原、被告双方质证活动是围绕各方所持证据的合法性、客观性和关联性展开的。

2. 两类常见行政案件笔录的制作：

（1）行政处罚类案件。"行政处罚"是指具体行政处罚权的行政主体为维护公共利益和社会秩序，保护公民、法人或者其他组织的合法权益，依法对行政相对人违反行政法律规范而尚未构成犯罪的行为所实施的法律制裁。这类案件通常的争议焦点是"行政处罚行为是否合法"，因此双方当事人主要围绕着行政处罚行为的依据、事实和程序的合法性进行举证和质证，这也是记录时的重点，切不可遗漏。

（2）行政许可类案件。"行政许可"是指行政主体根据行政相对人的申请、经依法审查，通过颁布许可证、执照等形式，赋予或确认行政相对人从事某种活动的法律资格或法律权利的一种具体行政行为。这类案件主要的争议焦点是"行政许可行为是否合法"，书记员应注意记录行政许可行为的依据、事实是否正确、合法。

下面给出行政庭审中的几个典型实例供大家参考学习。

行政案件庭审笔录实例1——治安行政处罚纠纷

开庭时间：2015年9月26日上午9时

开庭地点：××法庭　　　第一次开庭

审判长：张三

审判员：李四、王五

书记员：赵六

案由：绍某诉被告某市公安局市中区分局治安行政处罚案

书记员：宣布法庭纪律（略）。

审判长：下面核对当事人身份，原告向法庭陈述你的姓名、出生年月、民族、职业、住址等基本情况。

原告：绍某，男，汉族，1987年3月25日出生，无业，身份证号码：990102198703251111，电话：13500000000，现住某某小区11号楼。

审判长：被告向法庭陈述你单位名称、住址等基本情况，并宣读法定代表人身份证明书。

被告：某市公安局市中区分局。住所地：××市××区××路19号。法定代表人：乔某；职务：局长。

审判长：被告委托代理人向法庭陈述你的姓名、出生年月、民族、职业、住址等基本情况及代理权限。

委托代理人：孙某，男，1966年9月6日出生，汉族，身份证号码：990103196609063333，某市公安局市中区分局法制室副主任，住某市公安局市中区分局宿舍，电话：18600000000代理权限：特别授权。

审判长：某省某市某区人民法院行政审判庭根据《中华人民共和国行政诉讼法》第五十四条之规定，今天在此依法公开审理原告绍某诉被告某市公安局市中区分局治安行政处罚一案。现在开庭。（敲击法槌）

审判长：各方当事人对参加诉讼的权利义务是否清楚？

原告：清楚。

被代：清楚。

审判长：本案由某省某市某区人民法院审判员张三担任审判长、与审判员李四、王五组成合议庭，书记员赵六担任法庭记录。各方当事人对上述合议庭组成人员和书记员是否听清？

均：听清了。

审判长：根据《中华人民共和国行政诉讼法》第五十五条的规定，当事人有申请回避的权利，对审理本案的合议庭组成人员及书记员是否申请回避？

均：不申请。

审判长：现在进入陈述行政争议阶段，首先由被告宣读起诉状。

原告：宣读起诉状（略）。

审判长：由被告宣读答辩状

被代：宣读答辩状（略）

审判长：根据双方的陈述，本合议庭总结审理焦点为：被告于2015年8月8日针对原告的违法行为做出的"×公中行罚决字（2015）12345号行政处罚决定书"认定事实是否清楚，处罚程序是否合法。

审判长：原被告双方听清楚了吗？有无异议？

均：听清了，无异议。

审判长：陈述行政争议阶段结束，下面进行查证辩论，首先由被告针对其做出的具体行政行为进行举证。

被代：提交证据如下（详见证据卷）：

1. 绍某2015年8月8日的讯问笔录，证明在其母李某的指使下将车辆砸损，是其母打电话让其去现场，证明了砸损车辆的时间地点和违法行为。

2. 李某2015年6月26日的讯问笔录，证明李某指使绍某对车辆进行了损毁。

3. 曹某2015年6月26日的讯问笔录和车主的辨认笔录，证明了车辆被砸的事实以及时间地点，车主通过辨认7号照片，砸车人即绍某本人。

4. 苏某2015年6月26的讯问笔录。

5. 文某2015年6月26的讯问笔录。

6. 武某2015年6月27日做出的讯问笔录；证明了事情发生的时间地点，以及砸车的事实。

7. 现场的被砸车辆照片。

8. 涉案物品价值认定书。

审判长：下面由原告对被告提供的证据进行质证。

原告：被告所举出的证据事实我没意见，在事发原因上我认为我没有犯法，我属于正当防卫，我也有现场证人。我母亲多次去某市某区人民政府上访反映诉求，遭到区人民政府的截访，受到不公正待遇。在事发的当天我感觉很愤怒，于是砸了车。对被告指出的四位证人我要求其来现场口述事实，对其真实性有意见。对于证人证实的砸完车逃走不是事实，只是去买水，给我母亲李某录口供的时候说是其指使我去砸的，不是事实，是我主动要砸的。我认为事发在 2015 年 6 月 26 日，为什么在 2015 年 8 月 8 日才进行拘留，认为程序违法。

审判长：被告继续举证。

被代：（详见证据卷）

1. 受案登记表，2015 年 6 月 26 日受害人曹某报案，某市公安局某区分局进行立案。

2. 2015 年 8 月 5 号的传唤审批表。

3. 被传唤人家属通知书。

4. 鉴定意见告知书。

5. 行政处罚告知笔录。

6. 行政处罚审批表。

7. 行政拘留家属通知书。

8. 行政处罚决定书。

9. 送达回执。

10. 行政拘留执行回执。

审判长：下面由原告对被告提供的有关程序方面的证据进行举证。

原告：对于证据的真实性没意见，对判决不服。

审判长：下面由原告针对本案向法庭进行举证。

原告：没有证据。

审判长：下面针对案件由双方发表辩论意见，首先由原告发表辩论观点。

原告：我认为砸车的行为是合法的，属于正当防卫。

审判长：下面由被告发表观点。

被代：宣读代理词（略，详见代理词）。

审判长：查证辩论结束，下面由当事人进行最后陈述。

原告：我认为当时我母亲就是在遭受不法的侵害，我只能砸坏其交通工具为了防止其逃跑，属于正当防卫。我这样做不是根据我家里遭受了什么情况，我只是就事论事，对于砸车不是孤立的事情，是因为我母亲被限制人身自由和财产被抢我才做出的行为。

被告：要求维持行政处罚决定。

审判长：现在宣布休庭，休庭后双方当事人核对笔录，确认无误后签字，对本案的结果待合议后另行宣判，时间、地点另行通知。（敲击法槌）

审判长：

审判员：

审判员：

书记员：

行政案件庭审笔录实例2——房屋拆迁行政许可纠纷

开庭时间：2015年8月8日上午9时

开庭地点：××法庭　　　第一次开庭

审判长：张三

审判员：李四、王五

书记员：赵六

案由：张某诉某市住房和城乡建设委员会，第三人某市城建投资有限公司房屋拆迁行政许可案

书记员：宣布法庭纪律（略）。

审判长：下面核对当事人身份，原告向法庭陈述你的姓名、出生年月、民族、职业、住址等基本情况。

原告一：谢某，男，1951年9月22日出生，身份证号码：990204195109225555，汉族，农民，住某市某区某街道108号。

原告二：张某，男，1971年6月13日出生，身份证号码：990204197106137777，汉族，农民，住某市某区某街道张家村。

审判长：原告委托代理人向法庭陈述你的姓名、执业单位，宣读律师事务所公函、授权委托书，并出示律师证件。

原告委托代理人：赵某、李某，某律师事务所律师，代理权限：特别授权。

审判长：被告向法庭陈述你单位名称、住址等基本情况，并宣读法定代表人身份证明书。

被告：某市住房和城乡建设委员会，住所地：××市××区××路74号。法定代表人柳某某，主任。

审判长：被告委托代理人向法庭陈述你的姓名、执业单位并宣读律师事务所公函、授权委托书，并出示律师证件。

被告委托代理人：孙某某，某市律师事务所律师，代理权限：一般代理。

审判长：第三人向法庭陈述你的单位名称、住址、姓名、住址等基本情况并宣读法定代表人身份证明书。

第三人：某市城建投资有限公司。住所地：××市××区建设路110号。法定代表人吴某某，董事长。

审判长：第三人的委托代理人向法庭陈述你的姓名、出生年月、民族、职业、工作单位、住址等基本情况，并宣读授权委托书。

第三人委托代理人：马某，女，1971年2月17日出生，汉族；家庭住址：××市××区××街8号楼；身份证号：990204197102170000；工作单位：××市××区××街道办事处；职务：稳定办副主任；代理权限：一般代理。

审判长：××市××区人民法院行政审判庭根据《中华人民共和国行政诉讼法》第五十四条之规定，今天在此依法公开审理原告谢某，张某诉被告某市住房和城乡建设委员会，第三人某市城建投资有限公司房屋拆迁行政许可一案。现在开庭。

审判长：各方当事人对参加诉讼的权利义务是否清楚？

原代：清楚。

被代：清楚。

第三人代：清楚。

审判长：本案由××省××区人民法院审判员张三担任审判长、与审判员李四、人民陪审员王五依法组成合议庭，书记员赵六担任法庭记录。各方当事人对上述合议庭组成人员和书记员是否听清？

均：听清了。

审判长：根据《中华人民共和国行政诉讼法》第五十五条的规定，当事人有申请回避的权利，对审理本案的合议庭组成人员及书记员是否申请回避？

均：不申请。

审判长：现在进入陈述行政争议阶段，首先由原告宣读起诉状。

原代：宣读起诉状。（略，详见起诉状）

审判长：由被告发表答辩意见。

被代：宣读答辩状（略，详见答辩状）。

审判长：第三人发表答辩意见。

第三人代：同意被告的答辩意见。

审判长：原来被拆迁的房屋归哪里所有？

原代：原来归××市××区××街道，现在归××市××区××街道。

审判长：现在拆迁的程度有多少？

原代：现在拆到90%，我们的还没拆完。

审判长：根据双方的陈述，本合议庭总结审理焦点为：1. 被告向第三人颁发的（2012）年第××号《房屋拆迁许可证》是否违法。2. 被告批准第三人的延期是否合法。3. 原告所诉具体行政行为是否超过诉讼期限。

审判长：各方当事人对法庭总结的焦点是否有异议？

原代：无异议。

被代：无异议。

第三人代：无异议。

审判长：陈述行政争议阶段结束，下面进行查证辩论，首先审理第一个焦点问题，首先由被告举证。

被代：提交证据如下：（详见证据卷）

1. 《拆迁许可证》（拆许字2014 第××号），和拆迁公告。

2. 建设项目批准文件，××发改发（2014）××号《××市××区发展和改革局关于同意某片区进行拆迁等前期工作的批复》。

3. 《建设用地规划许可》（地字第99082010－Z×××号）。

4. ×政土字（2012）1234 号《××省人民政府关于××市××区2012 年第三批城市建设用地的批复》。

5. 对拆迁人的补偿安置方案。

6. 补偿安置资金证明。

7. 拆迁委托书。

8. 第三人拆迁许可证书面申请。

9. 就颁发拆迁许可证征求意见行政许可听证会的相关证据。

10. 2013 年 11 月 10 日前拆迁人延期拆迁期限的书面申请书。

11. 建委批准延期的书面文件。

12. 《国务院城市房屋拆迁管理条例》。

13. 《××省城市房屋拆迁管理条例》。

审判长：原告对被告提供的证据进行质证。

原代：对证据 1：首先，对其真实性无异议。该许可证上所体现的两枚印章不一致，一个是某市建设委员会，一个是某市住房和城乡建设委员会，明显不一致，对于延期的行为应该进行书面的答复，并向申请人进行送达许可证书。因此，备注行为并不符合法律规定的延期行为。对公告无异议，对其体现的内容以及建设用地规划许可证和省政府的 35798 号批复，这三个文件颁发的拆迁许可证，被告所依据的以上三个文件并不符合法律规定的五个条件，该公告仅仅是一份违建材料，而公告是一个具体行为，一份公告材料不能证明就向原告公示了其违法行为。该公告的时间是 2012 年 11 月 26 日，甲盖的印章是某市住房和城乡建设委员会，而同日颁发的拆迁许可证加盖的印章是"建设委员会"。因此，原告有理由认为，房屋拆迁许可证上的印章无效。

对证据 2：第一，对其真实性有异议，作为证据被告应该递交原价，复印件真实性无法核实。第二，如果说确有此文件的话，根据该文件所提供的内容，仅仅是对××村拆迁计划的批复，并不是建设项目的批准文件。第三，根据××省发展和改革委员会关于企业投资项目实行核准制，同时结合拆迁许可证上的建筑面积，××市××区发改局并没有权限作出该批复。第四，项目批复加盖的印章是规划的专用章，而并非规划局的行政章。第五，该项目没有相应的批准。

对证据 3：第一，对其真实性有异议。第二，该规划许可证上备注的有效期为 6 个月，那么，在 2013 年 4 月该证已经失效，那么其后的延期行为，也就没有相应的事实根据。第三，根据规划法第 38 条规定，在申请建设用地之前，申请人必须签订国有土地使用权出让合同，办理建设用地批注书。被告没有提供国有土地使用权使用文件，因此该规划许可证没有事实根据和法律依据。

对证据4：有异议。第一，该证据是复印件，无法提供原件，真实性无法核实。第二，该证据所体现的征收土地的范围，不能体现出该拆迁房屋所在的位置，与本案没有必然的关联性。第三，从文件的内容是土地征用的文件，并不能证明被告以及第三人获得了相应的土地使用权，"征收、征用、出让"是三个不同的概念。

对证据5：首先，该证据材料与本案无关联性，法律规定应提交拆迁计划和拆迁方案。其次，根据国有土地征收与补偿条例，房屋拆迁补偿安置实施方案的制定主体是政府城建主管部门，而不是拆迁公司。补偿安置出台方案为2012年11月28在房屋拆迁许可证颁发之后才有的该方案，也就是说，被告在颁发拆迁许可证的时候，根本就没有补偿实施方案的存在。所以，说明被告在作出具体实施行为的时候，证据不足。

对证据6：第一，从内容看，政府无资格和能力出具证明，对某银行，也只能证明第三人在银行开过账户，并且户头有一定的资金，但不能证明该就是拆迁的资金和专用账户，被告也没有提供金融部门、政府主办单位、第三人的三方协议，以保证自己专款专用。第二，被告也没有提供证据证明补偿安置资金的最低额度，该资金违反担保法的有关规定，国家机关不得作为保证人，否则，保证无效。所以，该证据无效。

对证据7：法律规定，拆迁公司应进行资质证明，因此，该证据的合法性无法核实。

对证据8：拆迁许可证的书面申请时间是2012年12月25日，而颁发的时间为2012年12月26日，足以证明颁发许可证之前并没有组织听证。法律规定，听证应该提前20天公告，或者提前7天送达利害关系人。该申请所依据的批准文号"3××××××-Z×××"，而该批号被告所递交的材料证据中没有。"城建开发与房屋的意见以及分管领导意见"两栏均为空白，也就是该申请没有得到领导的审批，程序违法。

对证据9：该许可的组织者是某区改造项目指挥部，而根据规定，实施该许可的行政主办部门应为行政主管部门，因此，组织者违反法律规定，无权组织该行政许可听证会。从记录上看，该会议的主持人是××市××区建委、副区长，而××省行政许可听证，作为主持人并不具备相应的条件。行政听证的内容，是对事实和理由进行听证，而反应的内容并不符合法律规定的听证内容要求，与会参与听证的村民22人，应出示相应的授权委托书，而被告并没有提供。因此，迁置真实性无法核实。

对证据10：对该延期申请，形式不符合法律规定。根据法律规定，是否延期，由建设主管部门以书面形式答复，而此答复只是手写的备注行为。第三人申请的延期为6个月，而被告所做出的批准是一年，没有相应的法律批准，申请延期6个月，批准延期了一年，违反了行政许可法第五十条第二款的规定。对听证人员的五张照片，该证据违反法律规定的相应时间。

审判长：被告单位名称的前身是什么？

被代：某市建设委员会。

审判长：何时变更的？

被代：2013年5月份。

审判长：你们的拆迁许可证是否进行了公告？

被代：进行了公告，以房屋拆迁公告的时间进行了公告。于2012年11月26日在某片区进行了公告。

审判长：被告对原告的质证观点有无反驳意见？

被代：房屋拆迁许可证里面的"建设委员会"和"城乡建设委员会"有两个不同的章，为了业务的连贯性，在2013年5月在行政大厅变更为"××市建设委员会行政审批专用章"，房屋拆迁许可证的专用章未变更。而公告已经变更。对拆迁安置的方案，我们认为第三人提供的拆迁安置方案就包括了安置计划和方案，对对方提出的行政许可听证会，认为组织者是某村组织，根据我们提供的证据可以看出，是有建委副书记、某街道党工委书记和村民代表组织的听证会，认为合法。对于延期申请不符合法律规定，我们认为被告严格按照法律程序对第三人提出的延期申请，符合法律程序。

审判长：第三人对被告提供的证据进行质证。

第三人代：同意被告的质证意见。

审判长：原告针对第一个焦点问题进行举证。

原代：一，原告所居住的房屋在待拆迁区；二，原集体土地所有权证并没有收回，第三人并没有获得相应的国有土地使用权。原告在提交证据的同时能证实被告在使用法律法规上是错误的，房屋拆迁许可证所依据的法律是城市拆迁条例，该条例的第二条明确规定，适用范围是在国有土地上进行房屋拆迁，才适用该条例，正是因为土地性质仍然属于集体所有，所以，不适用城市房屋拆迁条例。

审判长：土地使用证上的名字是张某一，和原告是什么关系？

被代：是兄弟俩，张某一是大哥，房子是我的。

审判长：被告、第三人针对第一个焦点问题进行举证。

被告：对真实性有异议，不能证明张某一的房产是原告的，该两份土地证书不能认定，法律适用错误，根据被告提交的证据，明确规定了某片区已经被征用为城市建设用地可以看出，某片区已经被征用为城市建设用地。

第三人代：同意被告的观点。

审判长：原告是否还有其他证据提供？

被代：没有了。

审判长：被告、第三人是否还有其他证据提供？

被代：没有了。

审判长：原告还有什么要补充的？

原代：被告曾用名称为"某市建设委员会"，自 2013 年 5 月份进行变更为"某市住房和城乡建设委员会"，新的公章却加盖在了 2012 年 11 月 26 日所发布的房屋拆迁公告，在公告发布之日，新的公章尚未启用，为什么会有新的公章加盖在上面？我们只能认定被告是补的公告，所以被告不能证明颁发房屋拆迁许可证的同时发布过房屋拆迁公告，被告的具体行政行为缺少公告这一重要环节，违反法定程序，依法应予撤销。

审判长：原告还有什么要补充的？

原告：发表辩论词（详见答辩词，略）。

审判长：针对全案还有什么辩论意见？

被代：没有了。

审判长：针对第二个焦点问题由原告和第三人进行举证。

原代：根据被告的举证，证据 4 是省政府的 1367 批复，被告以此作为国有土地使用权批准文件，但是该批复时间是 2012 年 9 月 29 日，时间在规划许可证颁发之前，违反了城乡规划法第 37、38 条的规定。明确指出为取得本证而取得批准文件和批准土地的，先有国有土地批准文件后有规划许可证，违反法定程序的行为，根据行政诉讼法第五十四条的规定，是违反法定程序的行政行为，应予以撤销。

审判长：焦点问题查证辩论结束，各方的观点已记录在案，待合议庭合议后确定对证据是否采信。下面进行最后陈述。

原告：坚持诉讼请求。

被告：坚持答辩意见。

第三人代：同意被告的答辩意见。

审判长：现在宣布休庭。（敲击法槌）

项目四

调查笔录的制作

一、实训目的

1. 熟练掌握调查笔录制作的基本技巧，提高录入的速度和准确率；
2. 掌握调查笔录的用途、一般格式和要求；
3. 熟悉不同案件调查工作流程；
4. 锻炼心理素质和观察能力。

二、实训条件

实训地点：速录实训室、公检法部门等。

设备条件：多媒体计算机，选配亚伟中文速录机、打印机等

三、实训内容及要求

调查笔录是各级人民法院审理各类案件中广泛适用的一种笔录，它是指有关机关（公安、检察、法院、监察、司法）根据办案需要，依法对案件当事人、知情人、见证人及有关组织和群众进行调查取证时所做的书面记录，可以适用于被害人、原告、被告等案件当事人及证人、勘验人等与案件有关的利害关系人。

调查笔录一般由标题、首部、正文、尾部四部分组成。

1. 标题。

- 主要是制作机关的名称和笔录种类，分两行写在正中，如：

"××××××（机关名称）

调查笔录"。

2. 首部。

- 调查时间（××××年××月××日××时××分）；
- 调查地点（××单位××部门或××街××号）；

● 调查人和记录人签名；

● 被调查人姓名、性别、出生年月、民族、文化程度、职业、工作单位和职务、住所、与当事人的关系。

 Tips

询问证人时，还应告知证人应如实地提供证言，如有意作伪证或者隐匿证据，要负法律责任。

3. 正文。

● 这是调查笔录的主要部分，记录应当清楚、全面、客观的反映被调查人所陈述的内容。

4. 尾部。

● 应有被调查人核对笔录的结论，如"经本人核阅，无误"字样；

 Tips

笔录给被调查人阅读或向其宣读，可请在场人帮助核对，如有错记、漏记应当面更正，订正的地方由被调查人盖章或按捺手印，以示负责。

● 被调查人签名盖章，并注明年、月、日；

 Tips

调查完毕逐页签字，当场完成，以示无篡改可能。

● 调查人和记录人签名或盖章。

依据下列流程进行实务训练，完整记录调查内容，实训结束时，提交原记录文稿和经过修改校对的文稿。

1. 了解案情，熟悉整个调查询问的流程，与调查人沟通调查提纲和发问顺序；制作笔录模板，做好造词、自定义和快捷键设置等准备工作。

2. 根据调查询问现场情况进行实时记录，在录入过程中注意进行适当总结，将口语转换为书面用语。为了节省时间，加快记录速度，在记录调查人提问时，可用"?"代替，记录被调查人回答时可用":"代替。

3. 对笔录进行校对整理，打印、签字、存档。

四、记录要点与录入技巧

被询问的对象，发言时不像庭审当事人那样准备充分，往往只有提纲，甚至毫无准备，完全现场发挥，因此，回答问题时存在严重的口语化现象，而在进行记录时，必须将这些内容进行处理。常见处理方法有：

（1）删除讲话人发言时所带的口头禅。诸如"啊、嗯、这个、那个、怎么说呢、也就是说"等，这些与上下文没有关系的词语可以省略，以减少实时记录时的工作量。

（2）删除明显重复的话。

（3）浓缩语句，转化为书面用语。

制作调查笔录时还应注意以下几个问题：

（1）调查笔录的制作一般可采用问答式、综合式，或两种格式相结合。一般对表达能力较强的被调查人可采用综合式记录，主要由被调查人叙述，对重要的、关键性的话语则可用问答式突出出来。

（2）制作调查笔录时，如有其他人在场，应写明在场人的姓名、性别、职业或工作单位和职务等情况。

（3）制作调查笔录应注意不同的调查对象适用不同的称谓。

（4）制作调查笔录应力求详细、具体、完整，力求记录被调查人的原话，反映出被调查人的个性特点，有些被调查人的自然特征，如聋、哑、盲等也应注明。

（5）要记明被调查人与当事人之间的关系，这些内容往往可以作为鉴别真伪的重要证据，不能忽略。

（6）对证人询问时，应注意记明材料来源，是亲眼所见，还是直接听当事人所说，或者间接的听别人说的等情况。

下面给出了一个调查笔录实例供大家参考学习。

调查笔录实例

××××人民法院
调查笔录

时间：2010 年 2 月 25 日下午 3：30

地点：××区××路 1－2 号

调查人：张三、李四

记录人：赵六

被调查人：吴七，男，××年×月××日出生，身份证号××××××，汉族，高中学历，住 A 市 B 区 C 村，××工厂工人。

？我们是××人民法院的，今天来向你了解一下你家房子的问题，希望你实事求是讲清楚，不要隐瞒，如实回答，听清了吗？

：听清楚了。

？你的房子是什么时候盖的？

：××××年×月盖好的。

？你是房主吗？

：是的，是厂里统一盖的，总造价还没结算，但我已经交了 5 万元了。

？房子面积多少？

：有 230 平方米的面积。

？现在住了几户人家？

：除了我还有周某一家。

？周某什么时候搬进来的？

：他是××××年××月××日搬进来的。

？他住进来具体有什么手续吗？

：周某和我谈的每月租金 1500 元，租三楼一层，后来他又要租一楼、二楼的各一个房间，于是，月租金提高到了 3000 元。我和周某还签订了一个租房协议。

？协议可以给我看一下吗？

：在这里。××××年×月××日签订的。

？周某有没有提过买房子的事？

：他提过，想花 40 万买我的房子，当时我不肯。我想把房子留给我儿子，况且我也不缺钱。

？这是什么时候的事？

：大约在××××年×月份，我拒绝后，周某就没再提过了。

？周某其他地方还有房子吗？

：这个我就不清楚了。

？今天就谈到这里。请你看看，刚才的笔录是否有误。没有问题请签字盖章。

：以上笔录我看过了，对的。

吴　七

××××年×月×日

项 目 五

讯问笔录制作

一、实训目的

1. 熟练掌握讯问记录的基本技巧，提高录入的速度和准确率；

2. 掌握讯问笔录的一般格式和要求；

3. 熟悉讯问工作流程；

4. 锻炼心理素质和观察能力。

二、实训条件

实训地点：速录实训室、公检法部门等。

设备条件：多媒体计算机，选配亚伟中文速录机、打印机等。

三、实训内容及要求

"讯问笔录"通常是司法机关的工作人员在讯问犯罪嫌疑人时使用的。如系第一次讯问，应问清犯罪嫌疑人的基本情况，并告知犯罪嫌疑人可以聘请律师为其提供法律咨询、代理申诉、控告或者为其申请取保候审，并将告知情况记明笔录。犯罪嫌疑人提出聘请律师要求的，应当在笔录上记录。讯问笔录应交犯罪嫌疑人核对，如有差错、遗漏，允许其更正补充。经核对无误后，犯罪嫌疑人应逐页签名、盖章，对拒绝签名、盖章的，讯问人员应在笔录上注明。

讯问笔录一般由标题、首部、正文、尾部四部分组成。

1. 标题。

● 主要是制作机关的名称和笔录种类，分两行写在正中，并写明是第几次讯问。如：

"×××××××

讯问犯罪嫌疑人笔录（第×次）"

2. 首部。

● 讯问时间（××××年××月××日××时××分）；

● 讯问地点（××看守所××室）；

● 讯问人和记录人签名；

● 被讯问人第一次被讯问时，应详细记录其基本信息（姓名、性别、出生年月、民族、籍贯、文化程度、工作单位和职务、住所、是否曾受过刑事处分、简历、家庭成员和主要社会关系、何时因何被拘留、逮捕或被采用其他强制措施）。

 Tips

姓名包括别名、化名、绰号；如是未成年人，出生日期要准确到日。

3. 正文。

● 以问答方式真实、准确地记录讯问人与被讯问人的对话内容。

● 对被告人的有罪供述，要记清其犯罪目的、动机、行为、手段、情节、后果、证据等要素。

● 对被告人的无罪或罪轻的辩解，要抓住实事和证据进行记录。

● 对定罪量刑的事实和证据不能遗漏。

● 要记录被告人的原话，不能用自己的语言进行概括，更不能主观臆断去决定取舍。

4. 尾部。

● 笔录最后一页应有被讯问人核对笔录的结论，如"本记录向我读过（或我已看过），与我讲的一样"等字样。

 Tips

笔录给被调查人阅读或向其宣读，可请在场人帮助核对，如有错记、漏记应当面更正，订正的地方由被调查人盖章或按捺手印，以示负责。

● 令被讯问人在每页末尾及修改过的地方按捺手印，最后一页签名，并注明年、月、日。

 Tips

调查完毕逐页签字，当场完成，以示无篡改可能。

● 讯问人和记录人签名或盖章。

依据下列流程进行实务训练，完整记录询问、讯问内容，实训结束时，提交原记录文稿和经过修改校对的文稿。

1. 提前阅卷，了解案件重点、疑点，与讯问人员沟通程序与提纲；制作笔录模板；做好造词、自定义和快捷键设置等准备工作。

2. 根据讯问现场情况进行实时记录。

3. 对笔录进行校对整理，打印、签字、存档。

四、记录要点与录入技巧

制作讯问笔录应注意以下几个问题：

（1）记录应全面客观，不论是有罪供述还是无罪辩解，都要记录清楚。

（2）讯问聋哑的被告人时，应有通晓哑语的人员参加，并在笔录中写明。

（3）被告人请求自行书写供述的应允许。

下面给出了一个讯问笔录实例供大家参考学习。

讯问犯罪嫌疑人笔录实例

××市××区政府办公会议记录
××××人民检察院

讯问犯罪嫌疑人笔录（第 1 次）

讯问时间：2009 年 2 月 25 日 16 时 00 分至 2 月 25 日 17 时 00 分

讯问地点：××市看守所讯问室

讯问人：张三、李四

记录人：赵六

犯罪嫌疑人：×××

问：你叫什么名字？

答：我叫×××。

问：我们是××市人民检察院的工作人员（出示工作证），今天依法对你讯问，你应如实回答，说假话、隐瞒事实要承担法律责任，你听明白了吗？

答：听明白了。

问：下面告知你在审查起诉期间的权利义务（略）。你听清楚了吗？

答：听清楚了。

问：说说你的基本情况？

答：×××，男，1960年2月19日出生，汉族，初中文化程度，农民，××省××市××区××办事处××村人，住××市××镇××村。

问：你的个人简历？

答：自幼上学，初中毕业后在家务农至今。

问：你的家庭成员？

答：父亲，已去世；

　　母亲，×××，73岁，务农；

　　妻子，×××，37岁，无业；

　　儿子，×××，5岁。

问：你是否是人大代表、政协委员？

答：不是。

问：你以前受否受过政府处理吗？

答：没有。

问：你在公安机关的供述是不是事实？

答：是事实。

问：你认罪吗？

答：我认罪。

问：下面供述你涉嫌的犯罪事实？

答：2008年9月13日，××集团在没有通知我的情况下，就把我在××村的房子给强行拆除了，我很气愤。2008年9月16日下午4点左右，我想找××集团的负责人问问下步的赔偿问题，下午我媳妇先到的××集团，后我开着我的别克君越车到的，我让×××在楼下等着，一个人到楼上找负责人×××。到了他办公室，他根本不理我，当时我很生气，就到楼下找到我媳妇，说"××的人不给商量，现在家里的工地上正在清理建筑垃圾，不让他们清理成，得赶走他们"。我们就开车到了××区××办事处××村外，看到有很多人在清理建筑垃圾。我走过去，先给开铲车的说，别拉了，等我和××集团的人谈好了再拉，开铲车的人说，他们只管干活。这时，有几个小青年过来，对我连劝加推，不让我耽误他们干活，我一看阻止不了，我就回到车边，从后备厢里把枪拿出来，让我媳妇拿两支枪，我抱了一个礼花弹盒走过去，孩子继续留在车上。我就用烟点燃了礼花弹盒，对着施工的人斜着向上放的，施工的人就跑开了。我放完礼花后，就见二三十个小青年拿着锨杠子向我跑过来，边跑边说"没事，是放的礼花"。一看不好，我就让我媳妇×××递过我事先准备好的自制土枪，用香烟点燃导火索，朝那些人跑来的方向斜上方放了。当时，放枪的时候，我距离那些人有五六十米，就放了一枪，一听到枪响，那些人就四散跑开了。

问：枪呢？

答：放完后，就扔到草丛里了。

问：枪是从哪来的？

答：枪是第二次拆我屋时，我自己做的，就是用两根七八十公分长的无缝钢管，焊在一块，后面钻个小孔，共造了两支枪，其中一支枪，用钢管做了个把，另一支没有把。

问：弹药呢？

答：弹药是过春节放的礼花弹的火药，子弹是自行车的钢珠。

问：枪做好后使用过吗？

答：一直没用过，连试验也没有过。

问：一枪你装了多少钢珠？

答：有一二十粒。

问：你们放了几个礼花弹？带去了多少礼花弹？

答：当时只放了一个礼花弹，拿下车的有两个方形的礼花弹和三四个长筒形的礼花弹，后备厢里还有一部分长筒形的礼花弹。

问：枪和礼花是什么时间放到车里的？

答：是9月13日左右我放进去的，礼花是过春节时剩的。

问：你放礼花弹和枪的目的？

答：就是用礼花弹和枪吓跑干活的人，阻止××集团施工，我好留个证据。

问：当时，伤到人了吗？

答：×××说没事，我的一个亲戚说伤得不重，我都是听说的，当时，××集团的人都吓跑了，就有人报案，公安人员就来了，也没问什么，我一直在现场，一直没离开，等公安人员走后，我们才离开的，我们就回家了。

问：你们当时考虑后果了吗？

答：考虑了，不能伤人，他们是无辜的，我绝对没有伤害人的意思。

问：你被拆迁的房屋有土地使用证吗？

答：有。

问：你还有要说的吗？

答：我是正当防卫，他们都不是××集团的人，都是社会上的人。

问：你以上说的是实话吗？

答：是实话。

问：把笔录给你看看，是否和你说的一样？

答：以上笔录我看过，跟我讲得一样。

×××

2009 年 2 月 25 日

项 目 六

合议庭笔录制作

一、实训目的

1. 熟练掌握制作合议庭笔录的基本技巧，提高录入的速度和准确率；
2. 掌握合议庭笔录的一般格式和要求；
3. 熟悉合议庭合议的一般流程。

二、实训条件

实训地点：速录实训室、模拟法庭或法院。

设备条件：多媒体计算机，选配亚伟中文速录机、打印机。

三、实训内容及要求

合议庭是人民法院审判案件的审判组织，合议庭笔录是指在人民法院审理案件过程中，合议庭根据已经查明的事实、证据和法律适用，对刑事案件被告人定罪量刑进行评议时所做的记录。

合议庭笔录通常由标题、首部、正文、尾部四部分组成，具体包括：评议时间（××××年××月××日××时××分）；评议地点（××庭办公室）；合议庭成员名单，应注明审判长；案件主审人；书记员签名；评议案由；评议内容；评议笔录结尾处由合议庭成员分别签名。

评议的正文内容应如实记载评议过程，特别要抓住案件的事实、证据、定性、处理等重点问题，记录发言者的原话、原意，力求语句通顺。评议结果一定要记录的明确具体，不能模棱两可。评议的不同意见，必须如实记入笔录，如有涂改，应加盖书记员的印章。

下面参考给出的实例进行实务训练，完整记录评议内容，实训结束时，提交原记录文稿和经过修改校对的文稿。

四、记录要点与录入技巧

这里以刑事案件评议笔录为例，谈一谈制作合议庭笔录应该注意的几个问题：

1. 记录的重点是合议庭成员对案件事实、证据、性质的认定和适用法律的评议意见。如被告人有罪或无罪，犯何罪，是否有法定从轻、减轻处罚的条件，是否应受惩罚，适用何种刑罚及其理由、依据，有赃款赃物的如何处理，附带民事诉讼的处理。二审案件评议时还应注意记明对一审判决、裁定的意见、理由和根据。

2. 记录用语要准确、简明扼要，记录要客观、真实、完整。对意见、理由、根据等主要评议内容能简单化，但不能随意省略，记录完毕后应交合议庭组成人员阅看并签名。

下面给出了一个合议庭笔录实例供大家参考学习。

合议庭笔录实例

××××人民法院
合议庭评议笔录

评议时间：2010 年 5 月 10 日

评议地点：××××人民法院刑事审判第一庭会议室

合议庭成员：审判长张三、审判员李四、人民陪审员王五

案件主审人：张三

记录人：赵六

评议案由：萧某、许某故意杀人（未遂）一案

记录如下：

张：现在我们就萧某、许某故意杀人（未遂）一案进行评议。本案的大致情况大家都清楚，我也不再做过多的陈述。就我个人对此案的分析，我认为公诉人控告萧某、许某二人犯故意杀人（未遂）的罪名不能成立，支持被告辩护人主张的故意伤害罪名。其原因在于公诉人提供的证据不足，事实认定不清楚。从公诉人提供的各个证据来看，不能排除合理的怀疑，与此同时，被告人提供的证据较公诉人的证据更有可信度。

李：我认为公诉人指控萧某、许某二人犯故意杀人罪（未遂）的证据充分、认定事实正确。本案的争议点在于萧某、许某二人到底是故意杀人还是故意伤害，当萧某拿起石头砸向被害人后试了他有无呼吸，证实他还是有气息的继续向他拳打脚踢，其实这就有力的证明了他主观上有想把已经受伤的被害人杀死的动机；而且萧某明知许某患有急性应激障碍的精神病，他利用许某的患病作案优势来杀害被害人。由以上两点，完全符合故意杀人的主观构成要件，因此我支持公诉人的指控。

王：我认为公诉人指控的萧某、许某二人犯故意杀人（未遂）罪名不成立，原因是其证据不足、提供的事实认定不清楚。而被告的辩护人提供的证据证明萧某、许某二人当时是故意伤害而非故意杀人致人重伤，萧某过于自信当时会有人员救助被害人，而且事后想去医院探看伤者的病情，许某则处于间歇性精神病的发病期，当时属于限制责任能力人，主观上并没有杀人的故意。所以我认为判定萧某许某二人属于故意伤害罪更合情合法。

张：根据刚才的讨论，依据少数服从多数的原则，认定被告人萧某、许某二人犯故意伤害罪（致人重伤）。鉴于被告人是初犯且犯罪后积极的筹集医疗费来救助被害人且有自首情节，故对其所犯罪行酌情从轻处罚。公诉机关指控的罪行事实存在，但认定的罪名有误。辩护人认定的关于被告人认罪态度良好且有悔罪表现，请求从轻处罚的建议予以采纳。

审判长：

审判员：

人民陪审员：

项 目 七

会议记录

一、实训目的

1. 熟练掌握一般会议的程序和会议记录的技巧，提高录入的速度和准确率；

2. 掌握各类会议记录要点及记录的一般格式、要求；

3. 掌握会议纪要的基本格式，能够根据会议记录整理会议纪要；

4. 锻炼心理素质与综合办会能力。

二、实训条件

实训地点：速录实训室或会议现场。

设备条件：多媒体计算机、选配亚伟中文速录机。

三、实训内容及要求

（一）"会前"准备工作

1. 了解会议主题，参阅相关资料，了解会涉及的专业知识、专业词汇和用语。

2. 设备调试。检查电脑软硬件运行是否正常，进行速录设备连接及输入法设置。

3. 了解会议大致流程与内容，调入提前制作的记录模板。

4. 了解参会人员情况，发言人基本情况，有无引发讲稿等。将与会发言人员名单、专业术语等提前进行设置（自定义、造词）。

Tips

准备好笔和纸，以便在会议记录过程当中出现特殊情况时进行速记（比如出现大量数字或英文、设备突然故障等）。

如果是承接社会上的会务服务项目，还应注意：

（1）如实向会议主办方告知自己的能力、水平、专业知识等，对不能胜任的会议不要承接；能够胜任的也要对会议方提出的要求、时间、地点和自己的困难等尽早考虑清楚并提出协调。

（2）可以准备录音笔、语音伴侣等设备以防万一。

（3）与大会主办方协调记录席座位的安排，既要考虑听清台上领导的讲话，又要考虑听清台下大多数人的发言，尤其是座谈会，记录人员的座位，要能听清全场人员的发言。最好选择坐在靠近电源、音箱的位置，如果是研讨会就选择中间的位置。会桌较长、发言人较多、现场声音又不好的话可充分利用语音伴侣的扩音功能。

（4）核对两遍与会人员名单。第一遍核对检查有无漏抄、错抄的名字，第二遍核对检查有无人名、位置的更换。发言人较多时，可对每人体貌、衣服颜色做标记加以区分。

（5）为了防止会议文件的丢失，在记录前先起好文件名，并养成随时保存的习惯。

（二）"会中"记录工作

1. 主持人发言。一般情况下，主持人发言内容即为会议的主旨，所以此时，应将主持人讲话内容当中出现的短语词汇进行捆绑或自定义，以便在接下来的会议速录中提高速度。

2. 与会代表发言。与会代表发言一般情况下都是发言人事先准备好发言稿，发言过程中的语速会比较快。在这种情况下，记录时，应该注意总结发言者讲话的主旨，适时进行归纳总结。在记录的过程中，应该注重记录内容的完整性，如记录过程中频繁出现陌生的人名、地名或词汇，可用符号（或快捷键）标记，后期校对替换，避免出现错字上屏的尴尬。

3. 主持人或与会人员的总结。在整个会议过程中，总结阶段往往是本次会议的最重要的部分，所以在记录过程中，一定要注意文本的完整性，且不可随意删减。

Tips

会中速录工作的质量与速录人员心理状况关系很大，要克服生理、心理状态的自然下降，根据自己最容易发生问题的薄弱部分做好充分的应对准备。一般的：

（1）开始的三五分钟注意力会由会前的分散到集中，逐渐适应会议环境。脑力集中阶段一般可以维持40分钟，多则1小时。

（2）一般在会议进行45~75分钟时，注意力开始下降，情绪松懈，开始出现错误和漏记。

（3）75~90分钟时为注意力倦意阶段，此时注意力出现分散和明显的疲倦，对不好打的字词出现有意漏掉的情况。

（4）90~120分钟为注意力的疲惫阶段，此时两耳听觉开始迟钝，记录上开始出现主次不分的情况。

（5）会议持续两小时以后进入无所谓状态，对记录即不积极也不消极，只盼着早点散会了。

这五个过程发生的时间长短、影响的轻重每个人是不同的，但从注意力开始下降时，就要努力克服"倦意""疲惫"和"无所谓"状态。这时候个人的主观意识的强弱是主要的。一个优秀的速录大师，不仅要有高超的速录技术，更要有很高的心理意志力。

会议时间一般较长，中途停顿时间较少，而且还需要对稿件进行查缺补漏，因此，要减少去洗手间的次数，这就要求速录师要尽量少喝水。

（三）"会后"校对工作

1. 对会上没有听清楚的地方，趁发言人没有离去，抓紧时间询问清楚。

2. 会后尽快整理、修订记录文稿。

（1）此时记录者对会议的内容还有大致的记忆，可根据记忆，对记录时遗漏的部分进行补充完善。

（2）对记录过程没来得及选字的同音字要进行及时替换，若记录过程中使用省略键，要及时核实后进行替换。

（3）在校对修改过程中，应注重语句的通顺和上下文的衔接，要根据讲话内容的层次合理分段。

（4）对关联词（连词）要加以注意。很多人讲话时滥用关联词，如"因为、所以、如果、再者"等，校对时要理清其中的逻辑关系，增加或删减，规范地使用。

3. 按照要求进行排版，上交记录稿。

Tips

记录稿上交后，应诚恳地向办会方征求对记录的意见，并认真做好本次出会记录工作的总结。随着出会次数的增多，经验不断积累，你也一定能取得不断超越自己的进步！

（四）整理会议纪要

会议纪要产生于会后，属于纪实性行政公文。会议纪要是根据会议记录和各种会议材料，经过分析、综合、提炼而成的，用来概括反映会议精神和会议成果的文件。会议纪要可以分为办公会议纪要、工作会议纪要、协调会议纪要、研讨会议纪要四种。从结构上主要由标题和正文两部分组成。

1. 标题。一般有以下几种写法：

（1）办公会议纪要标题。根据《国家行政机关公文格式》的规定，办公会议纪要可以使用特定格式，以"××××（发文机关名称）办公会议纪要"作为发文机关标识，不再另写标题。

（2）专题工作会议纪要的标题有两种写法。

第一，由主办机关名称、会议名称、"纪要"组成，如"××省人民政府关于解决××问题现场办公会议纪要"；

第二，由会议名称、"纪要"组成，如"全国司法行政工作会议纪要"。

（3）双边或多边联席会议纪要的标题应写明会议主题，如"关于澳门政府资产交接问题的会议纪要"。

（4）学术会议纪要的标题也有两种写法。

第一，由会议名称和"纪要"组成，如"全国信息产业技术研讨会纪要"；

第二，正副标题式，由会议主旨、会议名称和"纪要"组成，如"大数据背景下互联网＋时代的到来——全国信息产业技术研讨会纪要"。

2. 正文。由前言、主体、结尾三部分组成，具体内容因会议纪要类型而异。

（1）前言。一般应写明会议概况，包括会议的名称、时间、地点、召集或主持会议的单位，会议主席（或主持人）、出席会议的单位和主要领导，在会上做主要发言的单位及发言人的姓名、职务，会议谈论的主要议题和进行的主要活动，会议的基本成果等。然后用"现将这次会议讨论的主要问题综述（纪要）如下"过渡到主体部分。

（2）主体。这是"会议纪要"写作的重点，应当准确、全面地反映会议的主要精神和议定事项。写作方法主要有以下几种：

第一，概述式。这种写法是对会议的基本情况、谈论研究的主要问题、与会人员的观点、议定的有关事项（包括解决问题的措施、办法、要求等）进行概括阐述和说明，多用于小型会议，且会议讨论的问题比较集中单一，意见也比较统一，容易贯彻操作，篇幅相对短小。如果会议议题较多，可分条列述。

第二，分列式。召开大中型会议或议题较多的会议，一般要采取分项叙述的办法，即把会议的主要精神和议定事项归纳成几个方面，每一方面可列出小标题或编上序号，逐项叙述，条理清楚。这种写法常常包括对目的、意义、现状的分析以及目标、任务、措施的阐述，一般用于需要基层全面领会、深入贯彻的会议。

第三，提要式。这种写法是把会上具有典型性、代表性的发言加以整理，提炼出内容要点和精神实质，然后按照发言顺序或不同内容，分别加以阐述说明的方式。这种写法能比较如实地反映与会人员的意见，一些重要的座谈会或某些根据上级机关布置需要了解与会人员不同意见的会议纪要常采用此种方法。

（3）结尾。即结束语，一般是向收文单位提出希望和要求，但依据会议类型也有所区别。比如有的会议纪要没有结尾部分，主体内容写完，全文就结束了；有的会在结尾处感谢会议主办方以及支持单位等。

Tips

书写会议纪要的几点提示：

（1）突出会议的中心和重点，归纳整理会议要点要简明扼要，不能面面俱到，记流水账。

（2）要实事求是，真实、准确地反映会议各项内容。

（3）要层次分明、条理清楚。除了可以使用小标题、序号表示外，也可以使用"会议决定""会议同意""会议听取"等词语表示层次。

（4）语言要简洁，使用固定的惯用词语，通常用"会议"或"代表"为第一人称。常用的词语有"会议认为""会议指出""会议强调""会议要求""会议号召""会议讨论"等。

实训结束时，需要提交会议记录和会议纪要各一份。

四、记录要点与录入技巧

会议记录有"详尽记录"和"要点记录"两种方式。

1. 会议详尽记录。"详尽记录"又称"实录法"，是指在速录工作中尽可能完整无遗漏、忠实无误地记录下会议的全部内容，要求尽量做到准确、详尽，比如前述的各种笔录。根据不同会议的性质，有时不仅要对每个与会者的发言做详尽的记录，还要记下会议流程、发言人语气、会场气氛等。另外，会议进程及发言人的语速较庭审过程相对更快，这些都对记录人员的速录技能提出了更高的要求。

作会议详尽记录时，可以参考下列小技巧：

（1）别字。当说话人语速过快时，如果屏幕上出现同音字词，来不及修改时可先搁置。统计显示，记录时如果消掉一个词，再录入正确的词，通常会漏记半句话以上，这是得不偿失的。会议记录不同庭审记录，一般会后都有较充足的修改校对时间，错了可以修改，但如果漏记，就很难将其补全了（如果是现场文字直播就另当别论了）。

（2）错字。记录中如果按错键必须消除。注意使用速录机是要用双手并击"W：W"，见字消字、见词消词，不要养成单手 W 删除的习惯，会影响录入速度。如果使用普通键盘，可以使用退格键删除一个错误字符，如果出现多个错误字符，可直接使用 ESC 键，提高录入速度。

（3）代码。作为详尽记录，记全内容是最重要的。当语速过快时，要善于运用代码，先把内容记全，后期再修改。

对于人名、地名等信息一定要会前做功课，尽量做好自定义等设置，如果无法提前得知，在记录时可使用代码，待会议间隙或会后仔细问清楚再进行替换即可。要注意的是，对于同一个人名、同一个地名一定要使用相同的代码，这样修改时只需要"全部替换"就可以了。

汉语博大精深且不断发展，任何速录法的词库都是有限的。当出现无法辨识的词语或遗漏时，可以使用自己熟悉的特定代码来表示，比如"…"，以便后期快速查找并修正。对于遗漏的内容要借会议间隙及时与发言人沟通，查缺补漏。

 Tips

要胜任会议详尽记录工作，生文章记录速度至少要在 220 字/分以上，一次上屏率 95％。

2. 会议要点记录。对于很多例会、工作常会的记录，如果每一位发言人的每一句话都记录，不便于阅读、审核、总结和存档，因此要求重点记录、条理分明、要点完整即可。"要点记录"要求速录人员具备如下的素质要求：

（1）一定的语言文字功底。对于发言人的口头禅、方言、重复的话应及时予以剔除，并用汉语普通话规范准确地记录下来，但要注意保持讲话人的风格。

（2）善于快速归纳梳理要点。有时，讲话者即兴发挥，可能偏离主题，这就考验速录人员的总结能力了。要把当前发言内容的重点、要点、中心点及时、准确地把握住，明确讲话者意图。

（3）会议记录要做到详略得当，具体如表 18 所示。

（4）注意段落之间的连贯。高水平的速录师能够在连缀内容的关键环节，加上一两个画龙点睛的词句，使得文稿整体性、可读性更强。

表18　会议记录详略要点

	详记	略记
一般情况	与会议议题密切相关的原则性问题或基本事实要重点记录；	说明、解释的话可以略记。
	与会议议题有关的新鲜提法、事例要重点记录；	内容重复的提法和事例可以略记。
	分歧观点、对立观点，不同的态度、方法应重点记录；	赞同性的讲话可以略记。
	对中心议题影响重大的讲话要重点记录；	与中心议题关系不大或偏离的讲话可以略记。
讨论重大问题的行政会议	表明观点和态度的话语要重点记录；	其他叙述性内容可以略记。
经验交流会	有具体作法和实际效果的要重点记录；	理论说明可以略记。
学术座谈会	与会者的论点、论据（包括典型例证）要重点记录；	泛泛而谈的议论可以略记。

　　下面给出一个会议记录的实例供大家参考学习。请大家尝试将其改写成会议纪要，可参考后面给出的会议纪要范文。

会议记录实例1——办公会议记录

××市××区政府办公会议记录

　　时间：2015年11月8日上午

　　地点：区政府会议室

　　主持人：杨××（区长）

　　出席者：周××（副区长分管城建）、李××（建委副主任）、肖××（工商局副局长）、陈××（建委城建科科长）、秦××（某街道居委会主任）、罗××（工商局市管科科长）。

　　列席者：建委、工商局有关科室宣传人员。

记录人：吴××（区办公室秘书）

讨论议题：

1. 如何整顿市场秩序。

2. 如何制止违章建筑、维护市容市貌。

主持人：过去一年里，我区在党委领导下，各职能单位同心协力、齐抓共管，在创建文明卫生城市方面取得了一定成绩，市场秩序也有了一定的改善，市容街道也较整洁。可近几个月来，情况不容乐观，街道上小商贩逐渐多起来，水果摊、小百货满街乱摆，一些建筑施工单位沿街违章搭棚、乱堆乱放材料，搬运泥土撒落大街，这些情况严重地破坏了市容市貌，使街道变得又乱又脏，社会各界反应很强烈。因此今天请大家来研究一下如何整顿市场秩序，如何治理违章建筑、违章作业，维护良好的市容市貌等问题。

讨论发言（按发言顺序记录）

肖××：个体商贩不按规定到指定市场经营，管理不得力，处理不坚决，我们有责任。这件事我们坚决抓落实，重新宣传市场有关规定，坐商归店、小贩归市、农民卖蔬菜副食到专门的农贸市场。工商局全面出动抓，也希望街道居委会配合，具体行动方案我们再讨论。

罗××：市场是到了非整不可的地步了。我们的方针、办法都有了，过去实行过，都是行之有效的，现在的问题是要有人抓，敢于抓落到实处。只要大家齐心协力问题是能够解决的。

秦××：整顿市场纪律我们居委会也有责任。我们一定发动群众配合好，制止乱摆摊，乱叫卖的现象。

李××：去年上半年创建文明卫生城市时，市里出了个7号文件，其中规定施工单位不能乱摆战场，工棚、工场不得临街设置，更不准侵占人行道。沿街面施工的要有安全防护措施。今年有的施工单位不顾市里的文件，在人行道上搭工棚、堆器材。这些违章作业的情况严重地影响了街道形象，也影响了行人安全。基建取出的泥土，拖斗车装得过多，外运时沿街散落，到处有泥沙，破坏了街道整洁。希望区里召集施工单位开一次会，重申市府7号文件，要求他们限期改正，否则按文件规定惩处。态度要明确、坚决。

陈××：对犯规者一是教育，二是处理。"不教而杀谓之虐"，我们先宣传教育，如果施工单位仍我行我素不执行，那时按文件处理，他们也就无话可说了。

周××：城市管理我们都有文件、有办法，现在是贵在执行，职能部门是主力军，着重抓，其他部门配合抓。居委会把居民，特别是"执勤老人（退休职工）"都发动起来，按7号文件办事，我们的街道就会文明、清洁，面貌改观了。

主持人：经过大家的充分讨论、协商，接下来我看可以这么来做：

1. 由工商局牵头，居委会和其他部门配合，第一周宣传、第二周行动，监督实施，做到坐商归店，摊贩归点，农贸归市，彻底改变市场紊乱状况。

2. 由区政府牵头，城建委等单位配合对全区建筑工地进行一次检查。然后召开一次施工单位会议，对违章建筑、违章工场限期改正，一个月内改变面貌，过时不改者，坚决照章处理。

大家看还有什么意见吧？

（大家都表示同意）

没有不同意见，那就形成决议了。

散会。

主持人（签名）

记录人（签名）

2015 年 11 月 8 日

会议纪要范文

××县人民政府第六次常务会议纪要

时间：××××年×月×日上午八点半至十二点

地点：县政府常务会议室

主持：县长×××

出席：副县长×××、×××、×××、×××，办公室主任×××

请假：×××（出差）

列席：×××、×××、×××

记录：×××

会议讨论及决定的主要事项纪要如下：

一、会议听取了副县长×××关于召开经济工作会议准备的情况汇报，讨论了扩大县属企业自主权的十条规定。会议同意县经济工作会准备情况汇报，并决定于×月×日召开全县经济工作会议。今年各项经济工作指标，要以市经委下达的为准，不再调整县原各公司的主要经济指标。在县经济工作会议上，由县经委与县原各公司签订经济责任书。

二、会议原则上同意县民政局关于民政事业费管理使用办法的修订意见。

三、会议同意将县政府办公室提出的"转变机关工作作风的规定意见（讨论方案）"印发各部门，广泛征求意见，作进一步修改后，以县政府文件印发。

×× 县人民政府办公室

××××年×月×日

"审判委员会"是人民法院对重大的或者疑难的案件以及对法院其他审判工作讨论决定的审判组织，"审判委员会笔录"是人民法院审判委员会讨论案件和审判中的重要工作时所作的记录，其实也是一种特定格式的会议记录。"审判委员会讨论其他审判工作笔录"的格式与写法与一般会议记录大致相同，不再赘述，这里主要对"审判委员会讨论案件笔录"作一简要说明。笔录通常由标题、首部、正文、尾部四部分组成，具体包括讨论案件的时间、地点、会议主持人、出席委员、列席人员（姓名、单位、职务）、案件主审人、讨论案由、正文内容。制作笔录时要注意以下几个问题：

（1）要如实记录讨论案件的过程和作出的决定。汇报人有书面审理汇报意见的，可摘要记录，并将审理报告附卷。

（2）审判委员会一般讨论刑事案件较多，记录重点应放在被告人是否有罪，犯什么罪，应如何处罚的意见、理由、根据上，这一点与"合议庭笔录"是相似的，不同意见应如实记入笔录。

（3）记录内容要客观准确，不得随意省略。

下面给出一个刑事案件的审判委员会笔录供大家参考学习。

会议记录实例2——审判委员会讨论案件笔录

审判委员会讨论案件笔录（刑事案件）

讨论时间：××××年××月×日××时××分至××时××分

讨论地点：第一会议室

会议主持人：张三（院长）

出席委员：李四（副院长）、王五（副院长）、许六（审判员）、刘七（审判员）、赵八（审判员）、吴九（审判员）

列席人员：×××、×××、×××

案件主审人：张三

记录人：萧十一

讨论案由：高某、陈某抢劫一案

记录如下：

张三：现在我们就高某、陈某抢劫一案开始评议。本案的大致情况各位都很清楚，我不再做过多的陈述。就我个人对此案的分析，我认为公诉人控告高某犯抢劫罪的罪名成立，事实清楚，证据确实充分，同时高某对自己的犯罪事实供认不讳，而公诉人控告陈某犯抢劫罪的罪名不成立，支持其辩护人王某某主张的其行为构成销赃罪而不是抢劫罪。其原因在于公诉人起诉书对本案定性不准确，适用法律条款不当。

赵八：我认为公诉人指控高某，陈某抢劫罪的罪名成立。对本案的定性准确。本案的焦点在于陈某有没有唆使他人共同犯罪的故意。

许六：我同意赵八的观点，被告人陈某教唆他人抢劫车辆，在主观上方面是出于故意。他不仅对高某说他有地方销车，而且明确告诉高某，抢劫时用刀子威胁司机，用胶带捆绑司机手脚。被告人陈某说这话时明知会引起他人抢劫的意图，但是他却希望这种犯罪意图的产生，属于直接故意，主观要件完全符合共同犯罪构成要件。

李四：我也赞成赵八的观点。根据种种迹象表明应该是直接故意。

刘七：但是被告人陈某在案发前主观上不具有教唆高某去抢劫汽车的故意，案发后是被告人高某主动打电话去给陈某开车时高某才知道事情。被告人陈某的辩护人提供的证据更有可信度。

吴九：我认为公诉人指控的犯罪嫌疑人陈某犯抢劫罪名不成立。陈某给高某说的抢劫汽车的方法是句玩笑话，陈某不是有意教唆被告人高某去实施抢劫，并且在被告人高某与同案犯齐某抢劫时，被告人陈某不知道内情，并未参与其中，只是在事后去开的车，后卖掉。

王五：但是被告人陈某用语言向被告人传授犯罪方法，致使高某在此后用陈某传授的方法实施了抢劫，其行为妨害社会管理秩序，构成传授犯罪方法罪。

张三：根据刚才的讨论，依照少数服从多数的原则，认定被告人高某构成抢劫罪，公诉机关指控其犯罪事实清楚，罪名成立。而被告人陈某主观上没有唆使高某犯罪的故意，并未参与抢劫的犯罪行为，但其事后明知车辆是高某等人抢劫所得的赃物而仍予以窝赃、转移、销售的行为属于事后的帮助行为，不成立共犯，但其行为妨害司法机关追索赃物的活动，以及被害人对财产的追索权，构成销售赃物罪。同时，被告人陈某用语言向被告人传授犯罪方法，致使高某在此后用陈某传授的方法实施了抢劫，其行为妨害社会管理秩序，构成传授犯罪方法罪。公诉机关指控被告人陈某犯抢劫罪，证据不足，要不予以认定。被告人陈某及其辩护人关于陈某不构成抢劫罪的辩护意见，要予以采纳。被告人陈某一人犯数罪，应依法是施行并罚。

王五：但是我们也要考虑他们的实际生活情况，陈某离异，家中只有老人和小孩要适量从轻，再说他认罪态度较好，我们也要考虑在内，法外留情。

张三：这点我也赞同，会考虑的。

（参会人员与记录人签名）

××××年××月×日

项目八

网络文字直播

一、实训目的

通过此项目的实训，使学生掌握网络文字直播的程序和录入技巧，锻炼学生的团队意识、综合能力和心理素质。

二、实训条件

实训地点：速录实训室、直播现场。
设备条件：多媒体计算机、亚伟中文速录机及配套软件。

三、实训内容及要求

"网络文字直播"适用于重大活动、重大会议、在线访谈、体育比赛等的实况文字播报，它像广播、电视直播一样，在事件发生的同时，进行现场报道，强调实时性和准确性，这对记录者提出了更高的要求，必须同步上屏正确文字，没有后期校对时间。在进行网络文字直播时，为了保证一次上屏正确率，一般可主打、辅打配合工作，主打负责录入，辅打负责同步校对。

自由组合，选择搭档，两人一组，确定主打、辅打分工。在进行实务训练时，要做到态度端正，目的明确，作风踏实，操作认真，以一个职业速录人员的身份参与实训，严格按照实训项目的操作要求完成项目训练。实训结束时，提交记录文本和校对后的文本。

（一）准备阶段

1. 设备连接。将计算机分别与两台速录机（USB 接口）连接，打开速录机开关，指示灯变成红色则视为连接成功。此时两台速录机分别设置为主录入键盘和辅录入键盘，主录入键盘负责直播过程中文字的实时录入，主录入键盘不可移动光标；辅录入键盘负责文字的修改、校对、排版等辅助工作，辅录入键盘可以进行光标的移动。

Tips

如果设备支持，也可用无线连接计算机与速录机。设备较多时，有线连接更加稳定。

2. 设备调试。

（1）检查速录机与计算机的连接是否正常；

（2）检查主、辅录入键盘的录入顺序是否正常，确认输入状态为"插入"或"添加"。

Tips

启动速录机软件，选择"查看—辅键盘录入框"，屏幕下方出现两个提示行（如图9所示）。上面一个是主机提示行，图标为"亚伟"；下面一个是辅机提示行，图标为"速录"。软件通过对两台速录机"添加/插入"工作状态的不同设置实现双机的相互独立。提示行的"添加/插入"显示的是主机状态。状态转换只能由主机来完成，状态的改变，可实现主、辅录入键盘的功能互换。

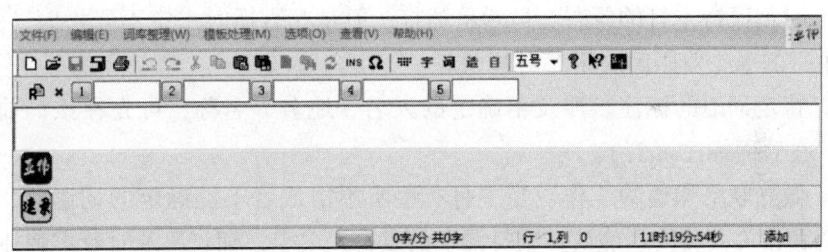

图9　速录机双机设置

（3）调入模板，做好自定义等设置。

（二）记录阶段

1. 主持人发言。一般情况下，主持人发言内容即为会议或访谈的主旨，所以在此时应利用间隙时间将主持人讲话内容中出现的短语词汇进行捆绑或自定义，以便在接下来的速录工作中提高速度。

2. 嘉宾发言。嘉宾发言一般情况下都是与主持人或者网民的即时互动交流，所以会比较口语化，记录时，除了应该保证记录内容的完整性以外，还应该注意总结讲话的主旨，适时进行归纳，同时要保持发言人讲话的风格。如记录过程中频繁出现陌生的人名、地名或词汇，可用快捷键替换，避免出现错字上屏的尴尬。

3. 主持人或与会嘉宾的总结。在整个会议或访谈过程中，总结阶段往往是最重要的部分，所以在记录过程中，一定要注意文本的完整性，且不可随意删减。

4. 文件提交。直播文字实时上传。在直播结束后，按照要求对文稿进行排版，在进一步完善后提交主办方。

四、记录要点与录入技巧

会议辅打工作注意事项：

1. 同音字词、错字的修改。在改错时，辅打的光标不要一直随主打移动，以免影响主打的录入，但眼睛要跟上主打的节奏，随时捕捉错误并修改。

2. 标点符号。对于主打用错的标点，辅打要及时纠正，尤其是逗号、句号和分号，一定要根据上下文的语义来使用，不能"一逗到底"，还要注意引号、冒号、叹号、问号等的使用。

3. 分段。一段话的内容不宜过长，要根据上下文的意思适当的在中间分段。多分段可以使文章看起来更舒服，可读性强。

4. 时刻保持主打的状态。虽然是辅打，但是在直播时一定不要松懈、分神，要做主打的第二双眼睛、第二对耳朵。

5. 特定词语的标注。涉及不确定的人名、地名等名称，可先在该词前加双引号，在后面标注（音）。

6. 做好联络沟通的工作。当主打有些听不清或者不能确定的词语时，辅打要主动和相关人员沟通确认。主打漏下的发言人名字，辅打要及时看桌牌补上。

7. 对文字的组织和梳理。这也是辅打很重要的一项工作，记录语言的流畅与否同时也是能否成为优秀速录师的体现，好的速录师一定是一名好的校对人员具有较好的文字功底。下面举几个常见的例子：

（1）用代词省略——"我看这个和密码一样"一句中的"这个"应为"人脸识别"。

（2）语序混乱——"我们是给顾客的无公害产品在网上商城呈现给他们"应调整为"我们销售的无公害产品通过网上商城呈现给顾客"。

（3）口语琐碎——"张三也好，李四也好"一句中"也好"可以省略。

（4）省略了关键词——"打一遍……可以起到强身健体的目的"一句中省略号部分应添加关键词"太极拳"。

网络文字直播实例*

2015 年 11 月 3 日 10：00
北京市房山区人民法院连春祥法官做客本网

[导播]：

人民法庭作为基层法院的派出机构，直面人民群众，处于化解社会矛盾的第一线，在服务基层群众，参与社会管理中发挥着重要作用。人民法庭的法官的背影更是频频出现在社区、乡村、田间等每一寸土地，为当地的百姓化解纠纷、解决诉求，肩负着更重的社会管理职责。连春祥法官作为一名工作三十多年的基层法官，扎根人民法庭二十余载。在这二十余载里，他始终坚持司法为民，上山下乡来回奔波，用自己手中的审判权为辖区百姓提供断纷止争，捍卫公平正义、维护公序良俗。因为熟悉，更因为信任，辖区的百姓都称他为"乡村法官"。公正行使审判权，乡村法官连春祥用一件件让当事人心服口服的案件实践着社会主义核心价值观。

2015 年 11 月 3 日 10：00，北京市房山区人民法院窦店法庭法官连春祥做客中国法院网，跟我们一起分享基层工作中的一些做法和心得。[09：33：44]

[主持人]：

各位网友，大家好，欢迎收看《司法保障核心价值》节目。今天我们邀请到了北京市房山区人民法院窦店法庭连春祥法官。在这里连春祥法官将为我们分享一下他在基层工作的做法和心得。连法官，欢迎您！[10：00：12]

[连春祥]：

主持人，您好！各位网友大家好！很高兴来到中国法院网和大家一起交流学习。[10：02：41]

[主持人]：

先请连法官向广大网友简单介绍一下自己。[10：04：09]

[连春祥]：

各位网友，大家好，我叫连春祥，是北京市房山区人民法院窦店人民法庭的一名审判员。我是 1983 年 11 月到房山法院工作，参加工作已经超过 30 年，驻守基层派出法庭 20 余年，其中在山区法庭干了 10 年。[10：06：37]

＊注：节选自中国法院网—嘉宾访谈—网上文字直播

［主持人］：

连法官，我这里有一份关于您的详细介绍。据了解，今年八月份北京市市委组织部、市委宣传部和北京广播电视台联合制作了电视系列片《为你而歌》，选取了 12 位北京市优秀共产党员，讲述了他们在各自的岗位上创造出一流工作业绩的优秀事迹。您是作为北京市法院系统唯一的先进典型光荣入选的，主题为《乡村法官》。［10：08：02］

［连春祥］：

谢谢，谢谢，这都是大家对我工作的认可。［10：09：28］

［主持人］：

由此可见，您在工作中做的非常出色。连法官，我想知道您"乡村法官"的由来，为什么老百姓送您这么一个称号？［10：10：54］

［连春祥］：

概括的说，就是"鱼水情深"，我从二十岁就开始在基层法庭工作，与当地的村干部、当地村民都建立了很熟悉的关系，同时解决了大量的民事纠纷。因此，当地百姓给我送了这样一个好听的"名字"。［10：12：14］

［主持人］：

连法官，听您的同事介绍，说您特别推崇"马锡武式"的审判方式，经常到田间地头就地开庭，为什么呢？［10：13：43］

［连春祥］：

用两个字概括就是"习惯"。从参加工作，师傅就带着我到各村去调解村民的纠纷，到现在我也特别喜欢到村民当中去解决纠纷，效果也特别好。［10：14：27］

［主持人］：

效果好，但觉得辛苦么？［10：14：55］

［连春祥］：

跑到当事人家里做工作，在田间地头实地查看确实会比待在办公室辛苦一些，但是辛苦能解决问题，做到案结事了，我觉得是值得的。当案件结了，看着老百姓的问题解决了，我就不觉得怎么辛苦了，心里反而舒坦了。［10：16：27］

［主持人］：

听说连法官非常擅长做当事人的工作，化解了很多的矛盾。您能给大家讲一个您办理过的案子么？［10：17：06］

　　[连春祥]：

　　其实，只要对自己接手的案件付出多一些，始终怀揣一颗为百姓"排难解忧"的心，许多案件就能做到"案结事了"了。比如前段时间解决的一起农村相邻纠纷案件，相邻两家的房顶都很高，赶上雨季，东边这家房顶的雨水就会流到西边这家的房墙上，西边这家墙上有窗子，雨水就会打到窗子上，之后会流进屋里。由于两家关系不好，西家村民就把东家给告到了法院里。我受理后，到现场了解了实际情况，之后开始考虑解决的方法，并向有经验的人请教，找到了解决方法。调解时，我让东边这家在房檐边上做一个水槽，水槽固定在墙上，下雨时雨水就会流到这个水槽了，之后雨水流向两边，这样就不会影响到另一家了。案件就这样成功解决了。[10：21：21]

　　[主持人]：

　　这确实是一个很好地解决问题的方法。您的做法不局限于判决书上西家有没有理，能不能得到法院支持，而是真正的解决实际问题了。[10：22：42]

　　[连春祥]：

　　其实就是要多用心，多寻找解决问题的方法。农村许多问题，不能单纯从纸面上看谁有理、谁没有理，而是要确确实实地帮他们解决纠纷，只有这样才能真正化解矛盾，当然这也确实需要很多的阅历。[10：23：12]

　　[主持人]：

　　连法官，现在我们国家越来越重视法律，公民的法制观念、法律意识也有一定的提升。但是，还是有相当一部分的当事人不懂法，或许这在农村更突出一点。这些当事人对于法律规定也一知半解。遇到这样的情况，您怎么应对呢？您能举一个例子么？[10：24：37]

　　[连春祥]：

　　这确实是一个非常突出的问题。基层法官们经常会遇到这样的难题，不论你如何讲解法律，当事人就认为他的"理"是对的，甚至他身边的亲友们也这样认为，并给予他支持，这样法院工作就特别不好做。因此普法就显得非常重要。

　　上星期有一个继承案件的原告来找我，该当事人的哥哥去世了，当事人的哥哥无儿女，有三个妹妹。遗产应当由这三个妹妹继承，而其中一个妹妹去世了，因此，去世的这个妹妹的三个子女有代位继承权。原告是这三个妹妹其中一个。原告听说我们要追加已去世的妹妹的孩子为本案当事人时，就理解不了，他认为去世了财产就没有份儿了，就不应当再由子女来继承。我的助理就给他解释，当事人听不进去，越听不进去，我的助理就越着急并大声解释，当事人越认为助理的观点不对，甚至认为"偏向"，如果再争执下去就会吵起来。我赶快把话接了过来。我问他"你们村的老书记某某现在怎么样，好多年没见到他了"，他说"挺好的，我们就在一条街上住，住的很近，关系都挺好的"，这一下就把紧张关系缓和下来了。之后当事人顺着我的话聊了起来。在沟通融洽后，我心平气和的把相关法律知识讲解给他听，最后给她讲笑了，并说"我真是糊涂，你这一讲还很在理，我听明白了"，走时还一再的说谢谢。[10：27：14]

[主持人]：

这说话也是一门艺术，既要把事说明白，又不能让当事人反感，认为法官有"偏向"。[10：28：30]

[连春祥]：

其实这就是一个工作方法，要让当事人信任你。不能让当事人产生误解。有些年轻法官做不到这一点，遇到此种情况就发脾气，很容易与当事人产生对立。[10：29：44]

[主持人]：

连法官，您工作都三十多年了，坚持二十多年在法庭办案，每天接触的都是很繁琐的案件，你是怎样坚持下来的？如何排解自己在工作中出现的负面情绪呢？[10：30：32]

[连春祥]：

基层法官的工作是很繁琐且很繁重的，非常需要一个解压的方式。我一直认为有一个好的健康的生活方式非常重要，比如我特别喜欢运动，我主要运动爱好是打乒乓球，在全市法院系统也取得过很好的成绩。当工作一天工作很疲劳的时候，我就会想到去运动，解除一天的疲劳，恢复体力。我还经常去跑步。常年坚持运动对我的工作精力帮助非常大。[10：31：55]

[主持人]：

除了这份执着的心，一定还离不开家人的支持吧？[10：32：09]

[连春祥]：

是的，我的家人非常支持我工作。我爱人在我的工作问题上，从来没有扯过后腿。她是一个很有独立性、很有能力的人，总能把家里整理的井井有条，从不用我操心，我真的是无话可说，非常好。所以我就可以把主要精力用在工作上。我每个星期都要在法庭住上两三天，家务事都是她担着。我能够坚持这么多年，和我爱人的付出是离不开的。另外父母对我的生活帮助也非常大。[10：33：32]

[主持人]：

网友"玻璃杯"问："连法官，派出法庭真的很苦么？大家都不愿意去么？"[10：35：01]

[连春祥]：

回答网友[玻璃杯]的问题：

以前，说实话派出法庭条件有点差，床是吱呀呀的响、窗户是呼啦啦的漏气，屋里不仅有老鼠，还有蟑螂、虫子什么的。饭要大家轮流烧，一大早就得到早市去买菜；屋里的水管、煤气漏了，都要自己动手修；喝口热水都要自己动手烧，不然只能喝凉水。现在条件比以前有了很大改善，宿舍、办公室都安了空调，有了饮水机、洗衣机、微波炉；院里还给装修了活动室，平时可以打打球、看看书，也就不觉得辛苦了。现在很多年轻人也都愿意来派出法庭，因为可以接触到更多的人，切切实实地感受到为老百姓解决矛盾后的那种被认同的快乐，所以更多的人愿意来派出法庭工作了。[10：36：34]

[主持人]：

连法官，"让人民群众在每一个司法案件中感受到公平正义"是司法工作的目标，也是培育和践行社会主义核心价值观的需求。我想问您是如何理解这句话，如何将这个工作目标融入您日常的审判工作中呢？[10：37：36]

[连春祥]：

法官在审理案件中，让当事人感受到公平正义，也是法官的职责。现实中，法官做到的公平正义，经常与当事人认识到的公平正义是不一样的，因此法官判决的案件经常会出现当事人不满意现象。其实，你的判决很难让双方当事人满意，特别是很难让败诉一方感受到公平。我在遇到当事人对我的判决结果不满意的时候，我就会对当事人说："我认为我的判决结果很公平，没有问题。"其实我这样的坚决的态度，这也取到了好的效果，能够让当事人感到法律上的规矩，而去怀疑自己的认识。[10：38：01]

　　[连春祥]：

　　现在法院受理的案件量很大，这说明，当事人信任法院，认为法院能够给他们一个公平。因此，作为法官，首先应当依据法律的规则，去办理案件，引导当事人遵守法律，用法律去衡量自己的行为。另一方面，法官应当在办案当中，要不厌其烦多讲解法律，让当事人明白法律的规定与自己认识上的差异。另外，要多参与法制宣传，让社会形成一个法治氛围。这些对法制建设都非常重要。[10：39：47]

　　[连春祥]：

　　法制对社会的稳定起到非常重要的作用。我认为，法制环境是需要长期的、持续的去培育的，不是一时能做到的，需要每个法律工作者不断的努力和付出。[10：40：01]

　　[主持人]：

　　连法官，您每年结案三百余件，平均下来一天至少要审结一件案件，您感到压力大么？[10：41：19]

　　[连春祥]：

　　压力还是很大的，您想，每年审结300件以上的案件，每起案件都是要认真去解决的，都不会是轻而易举就能解决的，因为案件量大，时间长了当事人会不断的催案，还有审限的限制，还有300件的法律文书需要书写，白天没时间写，即使写效率也很低，所以需要加班。所以说当法官还是挺不容易的。应该说，能坚持下来，都是好样的。[10：41：56]

　　[主持人]：

　　我了解到，在工作中，连法官不仅是一个结案高手，更是一个"笔杆子"，在自己办案之余，还将自己的办案体会记载下来，报刊、互联网上也曾对此进行转载。我想网友也跟我一样好奇，想了解一下日记里都记录了什么？[10：42：30]

　　[连春祥]：

　　日记里都是我办理一些案件的经验，和当事人打交道时的一些所感所悟。我觉得自己办理过的每一个案件，就好比一个故事，很有意思，有必要记录下来；除了心得、领悟，还有很多的风土人情。

　　当时自己只是觉得这些都是法官得天独厚的资源，有了感悟，有了思路，就随手记下来，如果不把这些记载下来，自己会感到是一种浪费。因为这些我开始写法官日记。我还在法院博客里写。因为写的都很实在，因此得到了大家的共鸣，取得了一定的效果，这都是我自己都没有想到的，算是意外之喜吧。[10：45：39]

[主持人]：

网友"火柴"问："连法官，不是都说法官压力很大么，每天有办不完的案子，那您还有时间写日记?"[10：46：11]

[连春祥]：

回答网友[火柴]的问题：

法官确实压力很大的，一个法官一年结案三四百件，除去周六日，也就是一天至少要结两件案子。我白天不是开庭就是去当事人家里进行现场勘探或者写判决，基本上很难抽出时间来写东西。但是，到了晚上，不想看案子的时候正好写写日记，回想一下一天的工作，觉得就是一种休息了。休息不是说一定要躺在床上睡觉，看看书、写些东西也是休息了。[10：47：40]

[主持人]：

除了日记以外，连法官还利用业余时间书写了大量的反映法庭工作的新闻、案例分析，还出版了《民事办案调解要点与技巧》一书，您能跟大家说一下您的想法么?[10：48：06]

[连春祥]：

法制宣传工作虽然不属于法官的本职任务，但社会处于现在这个时期，群众的法制观念是急需提高的，其实不只是普通群众需要提高法制观念，领导干部更应该提高。

作为法官，应当充分认识到法制宣传对现今社会法制化进程的重要性。也正因如此，我在办案过程中，还是很注意法制宣传工作的，也因此写了一些文章在报社发表，还与其他合作出了一些关于法律方面的书。这也是对自己自身的一个提升。[10：51：03]

[主持人]：

连法官，我看了您的法官日记，我觉得您对调解非常有自己的一套方法，许多疑难复杂案件最后都调解成功，让双方当事人都非常满意，你能谈谈您的调解方法、心得么? 用一个案例说明一下。[10：52：20]

[连春祥]：

做好调解工作，我认为主要有三点：一点是，要有一颗为当事人排难解忧的"心"，有这颗心，才能积极的去工作。另一点是，要查明案件的事实，抓住矛盾的焦点。第三点就是采取必要的技巧进行调解。比如，有一起农村相邻纠纷，两家宅院南北相邻，北边住户院内流水从南边住户北房后墙根向东流向村街道，因此对南边住户的北房产生阴泡。南边住户起诉到法院。调解时，我让北边这家在南边住户的北房后用水泥修一条水泥水道，通过这条水道，水流向街道，问题基本上就解决了。但南边这家还是认为北边这家院子地势低，水会向地下渗透，阴泡他家北房。后来，我给他们想了一个主意，让北边这家修水道时，向地下挖到北房地基的位置，打上水泥，之后再在上边修水道。这样就可确保原告家的北房安全了。双方当事人接受了我的意见，案件就此调解。其实，主要就是多用心，同时还需要一点农村工作阅历。
［10：54：28］

［主持人]：

网友"枫叶红了"问："连法官，还要一直坚持在审判一线么？对于以后的工作有什么想法么？"［10：55：48］

［连春祥]：

回答网友［枫叶红了］的问题：

我现在五十多了，到一定的年龄，心态就踏实安分下来了。我现在没有什么想法，就只想踏踏实实把工作干好，多为百姓做些有意义的事情。现在我们院里老法官相对少了，所以在法院，还非常需要老法官，来起到传帮带的作用。只要法院需要我，我就会继续坚守我的法官职业。现在每月要结二三十件，几乎是每天一件。因此只要是工作需要，还是要坚持在基层一线。尽自己努力，多为辖区群众做一些贡献。［10：57：09］

［主持人]：

感谢连法官跟我们分享他的办案心得和经历。本期节目就到这里，感谢收看，再见。［10：58：21］

［导播]：

好，今天的直播就到这里。［10：59：24］

文字导播：刘帆　视频导播：胥立鑫　摄影：侯裕盛

附 录 一

近音、近义词辨析

A	【暗淡】	【暗淡】指光色昏暗，不光明，不鲜艳。
	【黯淡】	【黯淡】多指色彩，也指人的情绪、精神状态等。如"他脸色黯淡"。
	【黯然】	【黯然】指"阴暗的样子"，也用来指心里不舒服，情绪低落的样子。
	【暗然】	【暗然】的"暗"有"光线不足、黑暗"的意思。
	【岸然】	【岸然】指"严肃的样子"。
B	【包含】	【包含】指里面含有。如"这句话包含好几层意思"。
	【包涵】	【包涵】客套话，请人原谅的意思。
	【饱含】	【饱含】指不但含有而且充满。一般用在"他胸中饱含着对大好山河的热爱""饱含热泪"等。
	【报道】	【报道】把新闻或问题、情况向群众介绍、宣传。如"报道生产情况"。
	【报导】	【报导】与"报道"是同义词，现在人们倾向于用"报道"。
	【报到】	【报到】向组织报告自己已经来到。如"新生已开始报到"。
	【抱怨】	【抱怨】偏指自己不满情绪很大。如"抱怨工作不顺心"。
	【报怨】	【报怨】指向别人报仇。如"以德报怨"。
	【暴发】	【暴发】突然猛烈的发生或以不正当的手段发财，强调时间突然。如"暴发户、暴发雪崩、山洪暴发、流行病暴发"。
	【爆发】	【爆发】由于爆炸而突发或比喻发生重大事变，多用于抽象事物，强调力度。如"战争爆发、火山爆发、爆发革命、爆发大笑"。
	【报复】	【报复】多指对别人的反击行为。如"打击报复"。
	【抱负】	【抱负】多指远大的志向。如"抱负不凡"。
		◎ 注："抱复""报负"两词不存在。

B	【本义】	【本义】指词的本来意义。一个词有本义，有引申义，比如"兵"字，本义指武器，引申为战士拿武器的人。
	【本意】	【本意】指原来的意思或意图。如"他的本意还是好的，只是话说得重了些"。
	【崩裂】	【崩裂】是物体猛然分裂成若干部分。如"山石崩裂"。
	【迸裂】	【迸裂】指破裂，裂开而往外飞溅。如"脑浆迸裂"。
	【必须】	【必须】副词，事理、情理上的必要，用在动词之前，表示"一定要"。如"学习必须刻苦"。
	【必需】	【必需】动词，一定要有的意思，可作谓语、定语。如"生活必需品、必需的素质"。
	【变换】	【变换】指事物的一种形式或内容换成另一种。如"变换位置、变换手法"。
	【变幻】	【变幻】指事物的形式或内容不规则、很不固定地改变。如"风云变幻莫测"。
	【变易】	【变易】指改变，变化。如"这里的事情无大变易"。
	【变异】	【变异】是生物学名词，指同性生物世代之间或同代生物不同个体之间在形态特征、生理特征等方面所表现出来的差异。如"物种变异"。
	【辨/辩正】	【辨正】辨明是非，纠正谬误。如"辨正发音"，也可写作【辩正】。
	【辨/辩证】	【辨证】辨析考证，如"经学者多方辨证"；亦为中医术语，如"辨证医治"。
	【辩证】	【辩证】哲学术语，如"辩证唯物主义"。亦同"辨证"第一义。
	【编辑】	【编辑】主要指对资料或现成的作品进行整理、加工。
	【编撰】	【编撰】指编纂、编写。
	【编纂】	【编纂】指编写（多指资料、篇幅较大的著作）。
	【摈弃】	【摈弃】表示抛弃，多用于人和具体事物。如"高压高温是为了摈弃杂质""他不会摈弃你"。
	【摒弃】	【摒弃】表示舍弃、除去，多用于较抽象的事物，较少用于人或具体事物。如"摒弃杂念""摒弃诸多假象，才能看到本质"。
	【不齿】	【不齿】不愿意提到，表示鄙视。"不齿"前常加"所"，如"为世人所不齿"。此处"齿"是动词，有"提及、说到"之意。
	【不耻】	【不耻】指"不认为耻"。此处"耻"是形容词的意动用法。有"以为或认为耻辱、羞愧、可耻"之意。如"不耻下问"。
	【不合】	【不合】①不投合、不适合，如"他们性情不合""这菜不合他的胃口"；②不符合，如"与手续不合"；③不该，如"当初真不合管这事"。
	【不和】	【不和】指感情上的不和睦。如"如果性情不合而勉强结合在一起，会引起家庭间的不和"。

续表

B	【不利】	【不利】没好处，不顺利。如"出师不利"。
	【不力】	【不力】不尽力。如"措施不力"。
	【不祥】	【不祥】不吉祥。如"不祥的先兆"。
	【不详】	【不详】不详细，不清楚。如"历史记载不详"。
	【不止】	【不止】继续不停，超出某数目。如"大笑不止、不止一次"。
	【不只】	【不只】不但、不仅，常同"还有""甚至"等连用，表示递进关系。如"不只生产发展了，生活也改善了"。
	【不至】	【不至】不会达到某种程度。如"决不至于不知道"。
	【不致】	【不致】不会引发某种后果。如"决不致犯错误"。
C	【才能】	【才能】指知识和能力。
	【才干】	【才干】指办事和实践活动能力。如"发挥才干"。
	【财务】	【财务】指机关、企业、团体等单位有关财产的管理以及银行保管、出纳等事务。如"我们要健全财务制度"。
	【财物】	【财物】指钱财和物资。如"春节期间应注意防盗，以免财物受损"。
	【灿然】	【灿然】形容明亮。
	【粲然】	【粲然】形容鲜明发光；形容显著明白；笑时露出牙齿的样子。
	【苍莽】	【苍莽】多指树林、山岭、大地等广阔无边，引申为意境心胸开阔。
	【苍茫】	【苍茫】多指夜色、水域、大地等旷远、迷茫，引申为模糊不清。
	【查访】	【查访】指调查、打听（案件等）。如"为了弄清案情，他查访了许多当事人"。
	【察访】	【察访】指通过观察和访问进行调查研究。如"他实地去察访民情"。
	【查看】	【查看】指检查、观察事物存在的情况。
	【察看】	【察看】指为了解情况而细看。
	【查核】	【查核】指检查核对（账目）。
	【察核】	【察核】意为审核、审察。
	【常年】	【常年】①终年、常期，如"常年坚持体育活动"。②平常年份，如"常年产量不过200斤"。
	【长年】	【长年】一年到头，整年。如"长年积雪""长年劳作"。
	【成规】	【成规】现行或行之已久的规则、方法。如"墨守成规"。
	【陈规】	【陈规】过时的、不适用的规章制度。如"陈规陋习"。
	【瞋目】	【瞋目】发怒时瞪大眼睛。
	【瞠目】	【瞠目】因受窘或惊呆而瞪眼。如"瞠目结舌"。

	【成分】	【成分】指事物构成的部分和要素，多指抽象的事物，及自然科学方面。如"句子的组成成分""化学成分"。
	【成份】	【成份】指个人的出身和个人的主要经历、职业。如"知识分子成份"。
	【迟缓】	【迟缓】缓慢，与"迅速"相对。如"迟缓地迈着步子"。
	【弛缓】	【弛缓】放松、缓和。如"紧张的情绪慢慢弛缓下来"。
	【充斥】	【充斥】指到处都塞满，带厌恶色彩。如"伪劣产品充斥市场"。
	【充满】	【充满】指填满或充分具有。如"眼里充满泪水"。
	【充溢】	【充溢】指充满；流露。如"诗里充溢着江南田园情趣"。
	【出生】	【出生】生下来，侧重于自然属性。如"出生于20世纪初"。
	【出身】	【出身】人的早期经历或身份。如"出身于干部家庭"。
	【处世】	【处世】指人事交往、参加社会活动。如"处世良方""处世稳健""为人处世"。
	【处事】	【处事】是指处理事物。如"他这人处事很严肃，处事认真，从不马虎"。
	【处置】	【处置】处理，发落。如"处置得宜"。
	【处治】	【处治】处分，惩治。如"严加处治"。
C	【传颂】	【传颂】传播颂扬，多用于事迹。如"全村人传颂着他英勇救人的事迹"。
	【传诵】	【传诵】传扬称颂，多用于美名。
	【创见】	【创见】名词，独到的见解。
	【创建】	【创建】动词，创立。
	【淳厚】	【淳厚】指淳朴敦厚。如"这里民风淳厚"。
	【醇厚】	【醇厚】指味道浓重纯正。用其比喻义来形容人或事物时，与"淳厚"通用。
	【纯厚】	【纯厚】只指品质风俗质朴敦厚。
	【纯美】	【纯美】纯正美好，纯洁美丽，多适用于风俗、心情。
	【醇美】	【醇美】纯正甜美，多适用于酒味、歌喉。
	【窜改】	【窜改】改动（成语、文件、古书等）。如"这是一份可贵的原始资料，不是经过窜改的"。
	【篡改】	【篡改】用作伪的手段改动或曲解（经典、理论、政策等）。如"他颠倒黑白，竟敢篡改宋史"。
		都含"用严厉的语言指责别人的错误或罪行"的意思。
	【斥责】	【斥责】偏重于严辞指责。
	【叱责】	【叱责】偏重于大声喝叱，强调声音大。

续表

C	【嗤笑】	都含有"取笑"的意思，但是程度不同。 【嗤笑】指以为可笑而讥讽嘲笑，程度轻。如"他是因为有心理障碍才口吃的，不要嗤笑他。""他的发音虽然不太正确，但一味嗤笑也不是办法，要帮他纠正。"
	【耻笑】	【耻笑】指以为可耻而鄙视嘲笑，程度重。如"日本政府至今也不肯面对过去的侵略历史，这种欺世行为怎么能不遭到世人的耻笑!""人们耻笑他，是因为他做的事太下贱。"
D	【大事】 【大肆】	【大事】大规律或大力从事，中性词。如"他在作品中大事渲染"。 【大肆】无顾忌地（多做坏事），多用于贬义。如"贪污公款，大肆挥霍是犯罪行为"。
	【大义】 【大意】	【大义】大道理。如"深明大义、微言大义"。 【大意】主要的或大概的意思；不经意或疏忽；不注意。如"段落大意、粗心大意、疏忽大意"。
	【淡薄】 【淡泊】	【淡薄】（云雾等）密度小；（味道）不浓；（感情、兴趣等）不浓厚；（印象）因淡忘而模糊。如"人情淡薄、兴趣逐渐淡薄"。 【淡泊】不追求名利。如"淡泊名利、淡泊明志"。
	【鼎力】 【鼎立】	【鼎力】大力（敬辞）。用于请求或感谢别人帮助。如"多蒙鼎力协助""对你的鼎力相助，我们表示感激"。 【鼎立】三方势力对立。如：三国鼎立。
	【渡过】 【度过】	【渡过】指由此岸到彼岸。用于有水面的空间或难点、危机、困难时期。 【度过】用于时间方面。
	【对换】 【兑换】	【对换】指互相交换，对调。如"我跟你对换一下座位"。 【兑换】用证券换取现金或用一种货币换成另一种货币。如"他用人民币兑换美元"。
	【独立】 【独力】	【独立】指不依靠别人。 【独力】指靠自己的力量完成某项任务。
	【凋敝】 【凋零】	【凋敝】指生活困苦；事业衰败。如"民生凋敝"。 【凋零】①草木凋谢零落，如"秋风扫过，万木凋零"；②指衰落，如"家道凋零"。

E	【遏止】	【遏止】着重于"止"，使停止，不再进行。对象常是来势凶猛而突然的重大事物，如战争、进攻、暴力、潮流等。如"文化的改革如长江大河的流行，无法遏止"。
	【遏制】	【遏制】着重于"制"，压制住、控制住，不使发作，或不使随便活动。对象常是自己的某种情绪（喜怒哀乐等），有时是敌人或某种力量。如"遏制不住自己的骄傲""敌人多年来企图孤立、遏制中国的阴谋已经破产""我足球队遏制住了对方的攻势"。
	【而后】	【而后】以后，然后，表示在某事之后。
	【尔后】	【尔后】从此以后，此后。"尔"有指代义，相当于"这""此"。
		两个都是连词，常用于书面语言。
F	【法制】	【法制】名词，法律制度。如"健全法制""我们要增强法制观念"。
	【法治】	【法治】名词或动词，根据法律治理国家。如"增强法治观念，建立法治社会"。
	【凡响】	【凡响】指一般的声响。如"不同凡响"。
	【反响】	【反响】本义是回响，后比喻反应。如"这引起了各种不同的反响"。
	【反应】	【反应】①受到刺激而引起的相应活动，如"药物反应"。②物质相互作用引起的变化，如"化学反应"。③事情引起的意见、态度或行为，"他这种做法在群众中引起强烈反应"。
	【反映】	【反映】①把客观事物的实质表现出来。②把情况或意见告诉上级或有关部门。如"向领导反映情况"。
	【妨碍】	【妨碍】使不能顺利进行。如"妨碍交通""妨碍政策的实施"。
	【妨害】	【妨害】使受损害。如"妨害健康""妨害要表达的义理"。
	【废除】	【废除】指取消、废止法令、制度、条约等。如"废除不平等条约"。
	【废黜】	【废黜】指罢免、革除官职；取消王位或废除特权地位。如"废黜职务"。
	【分辨】	【分辨】区分辨别。如"连方向也分辨不清"。
	【分辩】	【分辩】辩白、解释、说明事实真相，用于消除误会，与"辩解"意思相同。如"不由分辩""证据俱在，由不得你分辩"。
	【浮浅】	【浮浅】（思想作风、文章风格）浅薄、不切实。
	【肤浅】	【肤浅】（学识）浅，理解不深。
	【服法】	【服法】认罪。（"伏罪""服罪"是同义词）
	【伏法】	【伏法】依法处以死刑。

续表

	【服帖】 【伏帖】	【服帖】①顺从，如"服服帖帖"；②妥当，如"把事情办服帖"。 【伏帖】心里舒服，舒坦。 ◎注：表示顺从、驯服时，服帖、伏帖通用，但表示舒坦时用伏帖，表示妥当时用服帖。
	【抚养】 【扶养】	都有"供养"之意。 【抚养】包含"教养、爱护"之意，多用于长辈对晚辈。 【扶养】扶助、供养。多用于晚辈对长辈、平辈之间或对残疾人；或各种有扶养关系的人之间。如"夫妻双方有互相扶养的义务，父母对子女有抚养的义务，子女有赡养父母的义务"。
F	【抚育】 【哺育】 【抚恤】	【抚育】指照料、教育儿童或照管动植物。 【哺育】指喂养，比喻培育。 【抚恤】指（国家或组织）对因公受伤、牺牲或残废人员的家属进行安慰并给以物质帮助。
	【复议】 【附议】	【复议】对已做决定的事再做一次讨论。 【附议】同意别人的提议，作为共同提议人。
	【复原】 【复元】 【复员】	【复原】指病后恢复健康或事物遭破坏后恢复到原来的状况。如"壁画无法复原"。 【复元】病后恢复健康，同"复原"。如"身体已经复元（复原）"。 【复员】指军人退出现役而转入地方。
	【赋予】 【付与】	【赋予】指（上对下）交给（重大任务、使命等），是特殊用法。 【付与】指拿出、交给，是一般用法。
	【富裕】 【富余】	【富裕】指财物充足。 【富余】指足够而有剩余。
G	【感愤】 【感奋】	【感愤】有所感触而愤慨。 【感奋】因感动、感激而兴奋、奋发。
	【各别】 【个别】	【各别】各不相同，有分别或特别。如"各别对待""形式各别"。 【个别】单个；极少数。如"个别现象""个别处理"。
	【功夫】 【工夫】	【功夫】耗费的时间或精力，也指本领和武术。如"这幅画功夫很深"。 【工夫】指占用的空闲或时间。如"我没闲工夫"。 ◎注：在时间和本领上两词通用，但"工夫"多指时间，"功夫"多指本领或造诣。表示武术用"功夫"。

续表

G	【工效】	【工效】主要指工作效率。如"工人在工厂生产要注意提高工效"。
	【功效】	【功效】指功能、效果、有利作用。如"服用这种药后，很快产生功效"。
	【贡奉】	【贡奉】向朝廷或上级贡献物品；进贡。
	【供奉】	【供奉】指敬奉，常与"神佛""父母"等搭配。
	【沟通】	【沟通】使两方能通连。如"沟通思想""沟通了南北的长江大桥"。
	【勾通】	【勾通】暗中串通，勾结，贬义词。如"他们暗中勾通了这件事"，"他经常勾通土匪来村里骚扰"。
	【雇用】	【雇用】指出钱让人为自己做事。如"他雇用家政服务员照顾老人"。
	【雇佣】	【雇佣】指用货币购买劳动力。如"解放前纺纱厂大量雇佣包身工"。
	【贯穿】	【贯穿】指穿过，连通。如"这条铁路是贯穿南北的大动脉"。
	【贯串】	【贯串】指从头到尾穿过一个或一系列事物。如"这篇小说的各篇各章都贯串着一个基本思想"。
	【贯注】	【贯注】（精神、精力）集中。如"全神贯注"。
	【灌注】	【灌注】浇进，注入。如"她把心血都灌注在学生的身上"。
	【国事】	【国事】国家大事。如"家事、国事、天下事"。
	【国是】	【国是】书面用语，指国家大计，国家的大政方针。如"共商国是"。
	【过渡】	【过渡】发展变化到另一阶段。
	【过度】	【过度】形容词，过分。
	【给予】	【给予】是书面语，给，也作"给与"。
	【给以】	【给以】所带宾语只说所给的事物，不说接受的人，并且多为抽象事物。
H	【合拢】	【合拢】指合在一起。如"合拢的书本"。
	【合龙】	【合龙】是指修筑堤坝或桥梁等从两端施工，最后在中间接合起来。如"葛洲坝胜利合龙"。
	【和议】	【和议】指交战双方关于恢复和平的谈判。
	【合议】	【合议】共同商议。
	【合约】	【合约】合同（多指条文比较简单的）。
	【和约】	【和约】交战双方订立的结束战争、恢复和平关系的条约。
	【合计】	【合计】总共；盘算，商量。如"两处合计60人""一起合计合计"。
	【核计】	【核计】核算。如"核计成本"。
	【哄然】	【哄然】许多人同时发出声音。
	【轰然】	【轰然】大声。

续表

H	【洪大】	【洪大】声音大而响亮。如"洪大的回声"。
	【宏大】	【宏大】侧重于规模大，常用于建筑物、队伍、场面、理想。如"他有宏大的志愿"。
	【化妆】	【化妆】为更美丽而打扮修饰。
	【化装】	【化装】为不被人识别或演戏而改变装束。
	【涣然】	【涣然】形容嫌隙、疑虑、误会等完全消除。如"涣然冰释"。
	【焕然】	【焕然】形容有光彩。如"焕然一新""光彩焕然"。
	【遑遑】	【遑遑】匆忙不安定。如"遑遑无所依归"。
	【惶惶】	【惶惶】惊恐不安。如"人心惶惶""惶惶不安""惶惶不可终日"。
	【煌煌】	【煌煌】光彩夺目、盛大醒目。如"煌煌数百万言""灯光煌煌"。
	【会合】	【会合】着重于人员、水流相会聚集在一起。如"两队会合后继续前进"。
	【汇合】	【汇合】（水流）聚集。常比喻抽象事物（意志、力量等）汇聚在一起。如"小河汇合成大河"。
	【豁然】	【豁然】形容开阔或通达。如"豁然开朗"。
	【霍然】	【霍然】状语，突然；书面语，指疾病迅速消除。如"霍然而愈""病体霍然"。
J	【机体】	【机体】生命个体的总称。如"加速机体的新陈代谢"。
	【肌体】	【肌体】身体，常比喻组织机构。
	【尖厉】	【尖厉】形容声音高而刺耳。
	【尖利】	【尖利】尖锐；锐利。
	【坚韧】	【坚韧】指坚固而有韧性，重在不间断。如"进行坚韧的斗争"。
	【坚忍】	【坚忍】指（在艰难困苦的情况下）坚持而不动摇，重在不动摇。如"坚忍不拔的意志"。
	【坚苦】	【坚苦】坚毅刻苦，适用于主观精神、工作作风等。
	【艰苦】	【艰苦】艰难困苦，适用于环境、生活、岁月等客观条件。
	【简朴】	【简朴】简单朴素。如"衣着简朴""陈设简朴"。
	【俭朴】	【俭朴】俭省朴素。如"生活俭朴"。
	【检查】	【检查】为了发现问题而用心查看。如"检查身体"。
	【检察】	【检察】专指对犯罪事实的审查检举。
	【监察】	【监察】指监督并检举违法失职的机关或个人。
	【简洁】	【简洁】（说话、行文）简明扼要，侧重于没有废话。如"文笔简洁""话语简洁"。
	【简捷】	【简捷】同【简截】。指说话、作文直截了当，不拐弯抹角，行动、方法、手续简便快捷。如"开头简捷入题""措施方便简捷"。
	【简截】	

	【交代】	【交代】把经手的事务移交给接替的人。
	【交待】	【交待】把事情或意思向有关的人说明；把错误或罪行坦白出来。
	【节余】	【节余】指因节约而剩下。如"把全部节余捐给了灾区"。
	【结余】	【结余】指结算后余下或结算后余下的钱。如"这个杂技团试行了结余分成的办法"。
	【节制】	【节制】①指挥管辖；②限制或控制。
	【节支】	【节支】指节约开支费用。
	【截止】	【截止】①指到一定期限停止，不及物动词，后面不能带宾语，如"报名在昨天已经截止"；②指截止到某个时候，及物动词，后面可带宾语，如"报名日期截止本月底"。
	【截至】	【截至】指截止到（某个时间）。如展览会期间统计已有多少人参观，是说"截至"某日，参观人数多少；而"截止"即停止，如展览会的闭幕日期，就是"截止"某日。
J	【界限】	【界限】①不同事物的分界；②尽头处，意思笼统。如"跟坏人划不清界限""他的野心没有界限"。
	【界线】	【界线】两个地区分界的线；边缘。如"跨越界线""房基地界线"。
	【斤斤】	【斤斤】过分计较（琐细的或无关紧要的事）。如"斤斤计较"。
	【津津】	【津津】形容很有滋味。如"津津乐道"。
	【经心】	【经心】在意；留心。
	【精心】	【精心】特别用心；细心。
	【精练】	【精练】也作【精炼】，指文章、说话扼要，没有多余的词语。如"语言精练（精炼）"。
	【精炼】	【精炼】①指提炼精华，除去杂质，动词。如"精炼原油"。②形容语言简练，指一种行为或能力。如"培养对句子精炼、夸张的能力"。
	【既而】	【既而】时间副词，着重指前后两件事发生的时间相隔不久，一般单用。
	【继而】	【继而】关联副词，前后两事紧紧相连常与"始而""先是"搭配。
	【激奋】	【激奋】指激动振奋。
	【激愤（忿）】	【激愤】指激动而愤怒，同【激忿】

续表

J	【校正】	【校正】校对更正文字、位置上的偏差和错误。
	【矫正】	【矫正】纠正生理毛病和错误偏差。
	【教正】	【教正】客套话，让人指教。
K	【考查】	【考查】用一定的标准检查衡量，对象通常是人们的行为，有时是年代、历史、文物等。如"考查学生的学业成绩"。
	【考察】	【考察】实地观察调查；细致观察。指通过观察、调查来研究事物的真相或问题的本质。如："出国考察。"
	【拷问】	【拷问】拷打审问。
	【考问】	【考问】为了难倒对方而问；考察询问。
	【刻画】	除用雕刻手段进行的行为写成"刻划"可不算错外，一般都应写成"刻画"。
	【刻划】	
	【宽敞】	【宽敞】指地面宽大。
	【宽畅】	【宽畅】形容（心里）舒畅。如"心情宽畅"。
	【宽余】	【宽余】一般指抽象事物宽阔舒畅。如"今日得宽余"。
	【宽裕】	【宽裕】指经济上宽绰富裕。如"新政策颁布以后，这里农民的生活逐渐宽裕起来了"。
	【旷废】	【旷废】指"耽误、荒废"。如"旷废学业"。
	【旷费】	【旷费】指"浪费"。如"旷费时间"。
L	【里程】	【里程】路程；发展的过程。
	【历程】	【历程】经历的过程。
	【厉害】	【厉害】形容词，难以对付或忍受；剧烈；凶猛。如"心跳厉害""这人真厉害"。
	【利害】	【利害】名词，利益和损害。如"利害得失""利害攸关"。
	【力行】	【力行】指努力实践。
	【厉行】	【厉行】指严格实行。
	【利用】	【利用】①使事物或人发挥效能；②用手段使人或事物为自己服务。
	【运用】	【运用】根据事物的特性加以利用。
	【应用】	【应用】直接用于生活或生产。
	【使用】	【使用】使人员、器物、资金等为某种目的服务。

	【连接】	【连接】①（事物）互相衔接，相连。如"山岭连接"。②使连接，有使动意义，指把相关连的部分进行连接，连接的方式具体明确，所涉及的事物，一般都是具体可感的。也作"联接"。如"连接线路"。
	【联接】	【联接】①利用不同方式把机械零件联接成一体的技术。如"零部件联接是构成机器的重要环节"。②从语文的角度讲指把与该项有关联的部分进行组合合并。
	【连结】	【连结】①衔接；连接。如"那道路，连结着一个村庄又一个村庄"。②联合；结交。如"与此数人秘密连结"。
	【联结】	【联结】心理学的一个重要概念。"联结"重在"结合"，由于某种因素的作用，使二者之间有了密切的联系。一般来说这种联系是比较抽象的，所涉及的事物，一般都是比较抽象笼统的。
	【链接】	【链接】①指在计算机程序的各模块之间传递参数和控制命令，并把它们组成一个可执行的整体的过程。②也称超级链接，是指从一个网页指向一个目标的连接关系。引申为"通过一个知识点链接到跟他相关的背景知识，或者图片，或者定义等"。
L	【临近】【邻近】	【临近】（时间、地区）靠近；接近。 【邻近】位置接近；附近。
	【流逝】【流失】	【流逝】指像流水一样迅速消逝。如"时光流逝"。 【流失】①指有用的东西流散失去。如"抢救流失的文物"。②比喻人员离开本地或本单位。如"人才流失"。
	【流传】【留传】	【流传】传下来或传播开。如"消息很快就流传开了"。 【留传】遗留下来传给后代。如"祖辈留传的秘方"。
	【留恋】【流连】【留连】	【留恋】不忍舍弃或离开。 【流连】同【留连】，留恋不止，舍不得离去。
	【滥用】【乱用】	【滥用】过多地使用，不必或不该用而用。如"滥用职权""滥用方言"。 【乱用】胡乱地使用，该用这个，而用了那个。如"教育经费不能乱用""乱用自造简化字"。

M	【面世】 【面市】	【面世】作品、科技产品与世人见面。 【面市】一般商品上市。
	【漠然】 【默然】	【漠然】不关心不在意的样子。 【默然】沉默无言的样子。
	【牟取】 【谋取】	【牟取】（非法）谋取名利。如"牟取暴利"。 【谋取】一般指设法取得正当的利益。如"谋取利益"。
N	【年轻】 【年青】	跟"年老"相对，都是形容词，有"年纪小"的意思。 【年轻】①年纪不大，多指 10 岁到 20 多岁。如"小张今年 19 岁，很年轻"。②与他人比较，年龄比他人小。如"耿师傅比梁师傅年轻"。③可引申为有精神，有活力。如"著名演员赵丽蓉同志虽然年过 60，但还是那么有活力，那么年轻"。指开创的时间不长（可用于人或事物）。 【年青】①指处在青少年时期。如"你年青时不努力学习，将来要后悔的"。②指人外表、长相不老。如"张老师虽然比李老师大 6 岁，但是张老师长得比李老师年青"。
P	【披阅】 【批阅】	【披阅】披览；阅读。 【批阅】阅读并加以批示或批改。
	【品味】 【品位】	【品味】①品尝；②仔细体会；③（物品的）品质和风味。 【品位】①官阶；②物品质量；③文学、艺术、作品等所达到的水平。
	【评价】 【评介】	【评价】指评定价值的高低。 【评介】指评论介绍。
	【彷徨】 【旁皇】 【徘徊】	【彷徨】也做【旁皇】，指走来走去，犹豫不决，不知往哪个方向去。 【徘徊】①指在一个地方来回地走；②比喻犹豫不决；③比喻事物在某个范围内来回浮动、起伏。
Q	【乞求】 【企求】	【乞求】请求给予。如"乞求施舍、乞求宽恕"。 【企求】希望得到。如"一心工作，从不企求什么名利"。
	【启示】 【启事】	【启示】启发指示，使有所领悟。如"这篇文章启示人们如何生活"。 【启事】登在报刊、贴在墙壁的文字。如"征文启事、招领启事"。
	【祈望】 【企望】	【祈望】指请求希望，有内心祈祷之意。 【企望】指希望，强调恳切性。

Q	【起用】	【起用】重新任用已退职或免职的官员；有时也泛指提拔任用。宾语是人。如"重新起用老干部""大胆起用新人"。
	【启用】	【启用】开始使用，大多指物。如"公路已建成启用""关于启用新公章的通知"。
	【墙角】	【墙角】指两堵墙相接而形成的角，也指它里外附近的地方。
	【墙脚】	【墙脚】墙根；比喻基础。如"挖墙脚"。
	【切记】	【切记】牢牢记住。如"遇事切记要冷静"。
	【切忌】	【切忌】切实避免或防止。如"切忌滋长骄傲情绪"。
	【清净】	【清净】没有事物打扰；清澈。如"耳根清净""湖水清净"。
	【清静】	【清静】（环境）安静，不嘈杂，强调没有声响。如"找个清静的地方"。
	【情景】	【情景】指具体场合的情形、景象，范围较小。
	【情境】	【情境】指境地，范围较大。
	【情义】	【情义】多指亲属、同志、朋友之间的感情，所指的范围多限定在有一定感情基础的人之间，一般不用于单位和单位、国家和国家之间。
	【情意】	【情意】指对人的感情，它所指的范围要比"情义"大，既可以指人与人之间有很深的感情（如"情意绵绵"），又可指人（个体）对国家的感情，还可以表示"情分"（如"礼物不多，但也是一点情意"）。
	【情谊】	【情谊】多指人与人、国与国之间相互关切、爱护、照顾、帮助的感情，彼此之间不一定非要认识；也可以表示彼此之间有很深的感情。
		◎注：三者意义相近，都是指人的感情而言。比较而言，"情义"使用的范围最小，"情意"和"情谊"一般可以互换，只是"情谊"的使用范围要比"情意"大。三者均可拆开来使用，如"有情有义、无情无义、情深意长、深情厚意、深情厚谊"。
	【祛除】	【祛除】除去，适用于疾病、疑惧、邪魔等。
	【驱除】	【驱除】赶走、除掉。适用于寂寞、偏见、烦闷、毒虫猛兽等。
	【权力】	【权力】指①政治上的强制力量。如"全国人民代表大会是最高国家权力机关"。②职责范围内的支配力量。如"他在行使大会主席的权力"。
	【权利】	【权利】公民或法人依法行使的权利和享受的利益（跟"义务"相对）。如"在我国，每个公民都有人身不受侵犯的权利"。
R	【溶化】	【溶化】①化学用语，指固体的溶解；②指冰雪变成水，这个意思与【融化】相同。
	【融化】	
	【熔化】	【熔化】是物理用语，指固体加热到一定程度变成液体，"熔化"不能写成"融化"。

续表

R	【溶解】 【融解】	【溶解】科技语体，指一种物质均匀分布在另一种物质中成为溶液。 【融解】①指冰雪等固体的融化；②非科技语体，有消失、消散之意。
	【入骨三分】 【入木三分】	【入骨三分】只用于形容对反面事物的揭露深刻尖锐。 【入木三分】既用于反面揭露，又用于对正面事物的议论深刻。
S	【神志】 【神智】	【神志】强调知觉和理智，是比较小的范畴。如"神志不清"。 【神智】强调精神和智慧，是比较大的一个范畴。如"恢复神智"。
	【审订】 【审定】	【审订】侧重在"订"，即修改、订正其中的差错，不强调意见的最后确定。 【审定】侧重在"定"，即审查后作出决定、评定，强调意见的最后确定。如是书稿，"审定"意即定稿，可以付印；如是计划，"审定"意即就可实施。
	【审查】 【审察】	【审查】指检查核对是否正确、妥当（多指计划、提案、著作、个人的资历等）。 【审察】指仔细观察。
	【生机】 【生气】	【生机】可形容自然现象，也可形容社会现象。如"生机勃勃"。 【生气】也是可形容自然现象，也可形容社会现象。如"生气勃勃"。这一点两个成语是相通的。但"生气勃勃"还可形容人，而"生机勃勃"倒不宜形容人。
	【申明】 【声明】	【申明】动词。指郑重说明。如"申明理由"。 【声明】①动词，指公开表示态度或说明真相。如"着重声明"。②名词，指声明的文告。如"中美两国发表联合声明"。
	【圣地】 【胜地】	【圣地】指具有重大历史意义和作用的地方。如"革命圣地延安"。 【胜地】指有名的风景优美的地方。如"承德是风景优美的避暑胜地"。
	【声名】 【盛名】	【声名】指名声，属一般用法。 【盛名】指很大的名望。
	【势力】 【实力】	【势力】指政治、军事、经济等方面的力量。 【实力】指实在的力量，多就军事或经济而言。
	【事例】 【示例】 【实例】	【事例】名词，指具有代表性的、可以作例子的事情。 【示例】动词，指举出或做出具有代表性的例子。 【实例】实际的例子，重在具体的。
	【实行】 【施行】	【实行】用行动来实现（纲领、政策、计划等）。 【施行】法令、规章等发布后开始执行；按照某种方式或办法去做。
	【时世】 【时势】	【时世】时代或社会。如"时世的变迁""艰难时世"。 【时势】时代潮流或趋势。如"为时势所迫"。

	【十足】	【十足】①成分纯；②十分充分。如"他神气十足"。
	【实足】	【实足】确实足数，如"分量实足""实足年龄"。
	【事故】	【事故】意外的损失或灾祸。如"工伤事故""责任事故"。
	【世故】	【世故】处世经验；圆滑，不得罪人。如"人情世故""这人很世故"。
	【事务】	【事务】指比较具体的事情、事件。如"律师事务所"。
	【事物】	【事物】泛指各种物体和现象（不排斥其中包含某些事情事件）。如"小说反映事物很复杂"。
	【实验】	【实验】指为了验证某种科学理论或假设而进行某种操作或从事某种活动。如"科学实验""化学实验"等。
	【试验】	【试验】指为了观察某种结果或某物的性能而从事某种活动。如"新办法试验后将逐步推广"。
	【收集】	【收集】指使聚集在一块。
	【搜集】	【搜集】指到处寻找并聚集在一起（不易得到的东西）。
	【授权】	【授权】把权力委托给人或机构代为执行。侧重于"给予"。
	【受权】	【受权】接受国家或上级委托有权力做某事。侧重于"接受"。
S	【受命】	【受命】接受命令或任务。
	【授命】	【授命】下命令（多指某些国家的元首下命令）。
	【熟悉】	【熟悉】侧重知道得详细、清楚，多适用于知识。
	【熟习】	【熟习】侧重于技巧掌握得熟练。
	【竖立】	【竖立】物体垂直（指具体事物）。如"竖立一根旗杆"。
	【树立】	【树立】建立（多用于抽象的好的事情）。如"树立榜样""树立典型"。
	【竖起】	【竖起】强调的是具体事物。
	【树起】	【树起】强调的是抽象的事物。
	【侍候】	【侍候】用于对长辈或地位高者。
	【伺候】	【伺候】(cì hou) 可用于人，不分地位高低；也可用于牲畜等。
	【伺机】	【伺机】暗中等待，窥伺时机。
	【俟机】	【俟机】等待机会。
	【搜剿】	【搜剿】搜索剿灭。
	【搜缴】	【搜缴】搜查收缴。
	【宿（夙）愿】	【宿愿】也作"夙愿"。指一向怀着的愿望。如"了却平生宿愿"。
	【宿（夙）怨】	【宿怨】也作"夙怨"。指旧有的怨恨。如"他们两家早在三代之前就有宿怨"。

续表

T	【题名】	【题名】指为留纪念或表示表扬而写上姓名。如"他在英雄榜上题名"。
	【提名】	【提名】指在评选或选举前提出有当选可能的人或事物的名称（被定为候选人）。如"电影百花奖提名的影片有三部"。
	【提词】	【提词】给演员提示台词。
	【题词】	【题词】写一段话表示纪念或勉励。
	【题材】	【题材】构成文学或艺术作品的材料、内容，即作品中具体描写的生活事件或生活现象。如"他的作品是以现实生活作为题材"。
	【体裁】	【体裁】指文学作品的表现形式。可以用各种标准来分类，如根据有韵和无韵可分为韵文和散文；根据作品结构来分类可分为诗歌、小说、散文、戏曲等。
	【体形】	【体形】指人或动物身体的形状。也指机器等的形状。如"体形匀称"。
	【体型】	【体型】指人或畜体的类型。主要指各部分之间的比例。如"成年人和儿童在体型上有显著的区别"。 ◎注："体形"主要指形，"体型"则指类。如特殊体型。
	【调节】	【调节】指从数量上或程度上调整，使适合要求。
	【调解】	【调解】指劝说双方消除纠纷。
	【停止】	【停止】不再进行。
	【停滞】	【停滞】受阻碍而不能顺利发展。如"停滞不前"。
	【推脱】	【推脱】推卸责任、错误等。如"推脱责任"。
	【推托】	【推托】借故拒绝。如"推托有事，不肯参加"。
	【推委（诿）】	【推委（诿）】指把责任推给别人（不带宾语）。
	【推荐】	【推荐】指把好的人或事物向组织或个人介绍，希望任用或接受。
	【推见】	【推见】指从某人或事物中推想出。
	【退化】	【退化】减退，由优变劣。如"机能退化"。
	【蜕化】	【蜕化】①动物蜕皮，引申为事物脱胎演化。如"由奴隶社会蜕化为封建社会"。②变质、腐化堕落。如"蜕化变质"。
W	【枉然】	【枉然】得不到任何收获；徒然。如"一切如浮云，都是枉然"。
	【惘然】	【惘然】失意的样子；心里好像失掉了什么东西的样子。如"此情可待成追忆，只是当时已惘然"。
	【委曲】	【委曲】①曲折。如"河流委曲"。②事情的底细。如"告知委曲"。③曲意迁就，如"委曲求全"。
	【委屈】	【委屈】受到不应该有的指责或待遇心里难过。如"受了委屈"。

W	【违反】	【违反】指不遵守、不符合（法规、规程）。
	【违犯】	【违犯】指违背和触犯（法规）。
	【违拗】	【违拗】指违背、有意不依从（上级和长辈的主意）。
	【无礼】	【无礼】侧重"不懂礼数"。如"傲慢无礼""怠慢无礼"。
	【无理】	【无理】侧重"没有道理"。如"无理取闹""无理拖延""无理摧残"。
	【无名】	【无名】难以说出的，没有来由的。如"无名火""寂寂无名""师出无名"。
	【无明】	【无明】佛典中指"痴"或"愚昧"。
	【污秽】	【污秽】指不干净的东西，也用以比喻思想品德的低劣。
	【芜秽】	【芜秽】形容乱草丛生。如"荒凉芜秽"。
X	【细心】	【细心】指用心细密。
	【悉心】	【悉心】指用尽所有的精力（多指研究）。
	【希望】	【希望】心里想着达到某种目的或出现某种情况。
	【期望】	【期望】对未来的事物或人的前途有所希望和等待。
	【渴望】	【渴望】迫切地希望。
		◎注：词义程度一个比一个重。
	【稀疏】	【稀疏】指（物体、声音等）在空间或时间上的间隔远。
	【稀（希）少】	【稀（希）少】指事物出现得少。
	【效率】	【效率】指单位时间内所完成的工作量。
	【效力】	【效力】指事物所产生的有利的作用。
	【消失】	【消失】事物逐渐减少次至没有；用于物。
	【消逝】	【消逝】用于时间；强调逐渐减少以至没有。如"火车的隆隆声慢慢消逝了"。
	【萧萧】	【萧萧】风声、马嘶声、草木摇落声。
	【潇潇】	【潇潇】风雨急骤或飘落。
	【限制】	【限制】指规定范围，使不超出。
	【限止】	【限止】指限制、止境，重在制止。
	【想象】	【想象】对于不在眼前的事物想出它的具体形象；设想。
	【相像】	【相像】彼此有相同或共同点。
	【降伏】	【降伏】指制服，使驯服，主语为使别人顺从的人。如"你连个毛驴也降伏不了"。
	【降服】	【降服】指投降屈服，主语为屈服的人。如"经过八年抗战，日本鬼子终于被我们降服"。
	【协调】	【协调】指①配合得适当。如"国民经济的各部门发展必须互相协调"。②作动词用，使配合得适当。如"我们要注意协调产销关系"。
	【谐调】	【谐调】侧重比例匀称，常用于声音、颜色、气氛等。如"游览区周围的建筑物要跟名胜古迹谐调"。

续表

	【挟持】	【挟持】指用威力强迫对方服从，重在用力量。
	【胁持】	【胁持】指威胁强迫对方，重在威胁。
	【辛酸】	【辛酸】侧重于生活经历中的痛苦和酸楚。
	【心酸】	【心酸】侧重于内心的悲伤与难过。
	【心里】	【心里】内涵单纯，常表现在外，具体指"胸口内部"，多指在"思想里、头脑里"。
	【心理】	【心理】作为表现"心里"发出的感觉、知觉、思维、情绪等的总称，是客观事物在头脑中的反映。它还常常用来泛指人的思想、感情等内心活动。
	【心律】	【心律】心脏跳动的节律。如"心律不齐"。
	【心率】	【心率】心脏跳动的频率。如"心率太快"。
	【刑罚】	【刑罚】依照刑法对违法者施行的法律制裁。
	【刑法】	【刑法】关于犯罪和刑罚的法律。
	【行迹】	【行迹】行动的踪迹。如"行迹不定"。
	【形迹】	【形迹】举动和神色；痕迹，迹象。如"形迹可疑""不留形迹"。
	【形式】	【形式】物的样子和构造，区别于该物构成的材料。
	【形势】	【形势】指事物的发展状况，指国内、国际的时事发展趋势。
X	【休养】	【休养】①安定人民生活，使其经济力量得到恢复和发展。②休息调养，指使身心得到休息或滋补。如"他在北戴河休养"。
	【修养】	【修养】①指理论、知识、艺术、思想等方面有一定水平。如"文学修养"。②指养成的正确的待人处事的态度。如"他很有修养"。
	【需要】	【需要】指欲望、要求，或相当于"应当"，强调"不可少"。
	【须要】	【须要】不用于表示欲望、要求，但比"不可少"的意味更重，是"不可不"的意思。如"他需要（须要）休息"，但"他有需要"就只能用前者。
	【喧闹】	【喧闹】指喧哗热闹。
	【喧嚷】	【喧嚷】指（好些人）大声地叫或说。
	【喧扰】	【喧扰】指喧嚷扰乱。
	【喧腾】	【喧腾】指喧闹沸腾。
	【喧嚣】	【喧嚣】指①声音杂乱，不清静。②叫嚣，喧嚷。
	【喧哗】	【喧哗】指声音大而杂乱。
	【学力】	【学力】在学问上达到的程度。如"他有多大学力，敢说这种狂话"。
	【学历】	【学历】指学习的经历，指曾在那些学校肄业或毕业。如"招聘有大学本科学历的人员"。
		◎注：凡说"同等学力"一定是"学力"。

续表

X	【徇情】	【徇情】照顾私情而违反法律。
	【殉情】	【殉情】为情自杀。
Y	【衍化】	【衍化】发展变化。
	【演化】	【演化】演变（多指自然界的变化）。
	【淹没】	【淹没】（大水）漫过，盖过。如"因河涨水，桥都淹没了"。
	【湮没】	【湮没】埋没。如"湮没无闻"。
	【严整】	【严整】队伍严肃整齐，管理或书画布局严谨。
	【严正】	【严正】立场态度严肃正当。
	【扬扬】	【扬扬】上升，升腾，多用于形容得意的样子。如"得意扬扬、沸沸扬扬、纷纷扬扬、喜气扬扬"。
	【洋洋】	【洋洋】主要用来形容多而且丰富如"洋洋大观、洋洋万言、洋洋洒洒"。◎注：也做"洋洋得意、喜气洋洋"，可通用。
	【一班】	【一班】数量词，一些，泛指一部分人。如"这对于一班见异思迁的人"。
	【一斑】	【一斑】名词，原指豹子身上的一块斑纹，比喻事物的一小部分，不全面。如"管中窥豹，略见一斑"。
	【一齐】	【一齐】同时各自发出。
	【一起】	【一起】一地发生或合到一地。如"我们的思潮同春潮一起翻滚，遍地的春花同心花一齐开放。"
	【以至】	【以至】①表示时间数量范围的延伸；②表示上文情况的结果。
	【以致】	【以致】表示上文情况造成的不好的结果。
	【意气】	【意气】①意志气概。如"意气风发"；②志趣性格。如"意气相投"；③主观和偏激而产生的情绪。如"意气用事"。
	【义气】	【义气】为朋友牺牲自己利益的气概。
	【疑义】	【疑义】可疑之处，疑惑不定的含义。
	【异议】	【异议】不同的意见或议论。
	【意旨】	【意旨】意图，意向，目的。
	【意志】	【意志】自觉努力的心理状态。
	【隐蔽】	【隐蔽】指借助别的事物来遮掩。
	【荫蔽】	【荫蔽】指（枝叶）遮蔽。
	【引见】	【引见】引人相见，使彼此认识。如"经人引见，我认识了他"。
	【引荐】	【引荐】推荐（人）。如"经他引荐，我被公司录用了"。

续表

Y	【隐晦】	【隐晦】指意思不明显。如"这些诗写得十分隐晦，不容易懂"。
	【隐讳】	【隐讳】指有所顾忌，隐瞒不说。如"他从不隐讳自己的缺点和错误"。
	【姻缘】	【姻缘】指婚姻的缘分。如"结为姻缘"。
	【因缘】	【因缘】指缘分。
	【盈(赢)利】	【盈（赢）利】指所得的利润（多名词），中性，获取利润。如"略有盈（赢）利"。
	【营利】	【营利】谋求利润（动词）。如"以不正当手段来营利"。
	【优雅】	【优雅】举止言谈有风度。
	【幽雅】	【幽雅】环境幽静雅致。
	【优美】	【优美】美好。
	【幽美】	【幽美】幽静美丽。
	【悠远】	【悠远】离现在时间长或距离远。
	【幽远】	【幽远】幽深。
	【预定】	【预定】预先规定或约定。
	【预订】	【预订】预先订购。
	【原形】【原型】	【原形】原来的形状；本来面目。有时有贬义。如"原形毕露"。
		【原型】原来的类型或模型，特指叙事情性文学作品中塑造人物形象所依据的现实生活中的人。如"《林海雪原》中少剑波的原型是作者曲波"。
	【源于】	【源于】即"来源于、源出于、源自于"的意思，在实际语用中指主语对象产生、存在和发展的条件、基础。如"新文化不是横空出世的，而是源于旧文化中的先进成分"。
	【缘于】	【缘于】即"起因于、鉴于、原因在于"的意思，在实际语用中指主语对象产生、存在和发展的原因。如"班超投笔从戎缘于其远大的志向和抱负"。
Z	【增值】	【增值】资产价值增加。
	【增殖】	【增殖】增生；繁殖。
	【诈取】	【诈取】通过欺骗手段取得。
	【榨取】	【榨取】压榨而取得。
	【侦查】	【侦查】①是指公安机关在办理刑事案件时，所进行的查明犯人、搜集证据、确定犯罪事实等各种调查活动。②司法用语，主要指调查和检查。
	【侦察】	【侦察】军事用语，是指为弄清敌情、地形和有关作战的其他情况，通过观察和调查所进行的活动，主要指观察和察看。

Z	【箴言】	【箴言】劝诫的话。
	【真言】	【真言】实话。
	【振动】	【振动】一般指有规则的摆动、摇动，以一个位置为中心左右或上下地动，是多次的、不断往复的。一般用于具体物体，并多用于科学术语中。如"蒸汽机中的活塞、钟摆的运动都是振动"。
	【震动】	【震动】不一定有规则，多比"振动"强烈，又时常伴随着较大的声响；也可以用于人，或指重大的事情。如"春雷震动山谷""消息震动人心""消息震动全国"。
	【振荡】	【振荡】主要是物理学用语，指物体运动的一种形式或电流的周期性。
	【震荡】	【震荡】指外力引起的动荡，也指精神上受到重大影响，不能平静。
	【贞洁】	【贞洁】指妇女在节操上没有污点。
	【贞节】	【贞节】指①坚贞的节操；②封建礼教所提倡的女子不失身、不改嫁的一种伦理道德。
	【正规】	【正规】正式规定，有一定的标准和要求。是形容词，经常作定语，如"正规的学校""正规的教育"等。它有构词能力，如"正规化""正规军"等。
	【正轨】	【正轨】指正常的或正确的发展道路，是名词，一般作宾语，如"走上正轨""纳入正轨"等。
	【整顿】	【整顿】使紊乱的变为整齐，或不健全的健全起来（多指组织、纪律、作风等）。
	【整饬】	【整饬】①使有条理，整顿；②整齐，有条理。
	【整治】	【整治】为了管束、惩罚、打击等，使之吃苦头。
	【整理】	【整理】使有条理，有秩序。
	【直接】	【直接】不经过中间事物（跟"间接"相对）如"直接领导"。
	【直截】	【直截】不转弯抹角，如"直截了当"。
	【制定】	【制定】是规定、确定，其对象常为重大的纲领、方针、政策、法律、法令、路线、章程，也可以是学习计划、比赛规则等，侧重在确定，不轻易变动。重在"原有基础上确定"，大政方针用"制定"。
	【制订】	【制订】创制、拟定，其对象可以是方针、法律、方案、条例等，侧重于事先商讨订立，尚未形成定案。重在"初次"，具体条文用"制订"。
	【致病】	【致病】使得病。如"查明致病的原因"。
	【治病】	【治病】治疗病痛。如"治病救人"。

Z	【质疑】 【置疑】	【质疑】提出疑问。如"质疑问难"。 【置疑】怀疑（多用于否定）。如"不容置疑、无可置疑"。
	【终身】 【终生】	【终身】一生，一辈子（多指切身的事）。如"终身大计、终身大事"。 【终生】一生（多就事业说）。如"为解放事业奋斗终生"。
	【中止】 【终止】	【中止】（做事）中途停止，如"中止比赛""中止合同"。 【终止】结束；停止。如"演出终止"。 ◎注："中止"有望再恢复，而"终止"已彻底结束，不能再进行。
	【捉摸】 【琢磨】	【捉摸】猜测，预料。 【琢磨】原来的意思是对玉石的雕刻和打磨，后来引申为对文章的加工使之精美或对一件事要弄清楚，翻来复去地思索推敲。 ◎注："琢磨"指反复思索。"捉摸"多用于不确定的说法。如"很难捉摸""不可捉摸""捉摸不定"。
	【资力】 【资历】	【资力】指财力。 【资历】指资格和经历。
	【肢解】 【支解】	原意指古代割去四肢的酷刑。【肢解】多用于本义。【支解】多用于比喻义。
	【作客】 【做客】	【作客】客居他乡用"作客"。如"那两年他作客广州，写了许多反映改革前沿的小说""作客他乡"等。 【做客】串门访问用"做客"。如"昨天我在亲戚家做客"。

附录二

亚伟略码总结分类

国家、省、地区、区域：

X：　北京　陕西　四川　澳门　巴黎

W：　天津　台湾　中国　德国　法国　日本　欧洲　邻国　外国　北方
　　　南方　山区　农村

XX：　内蒙古　哈尔滨　黑龙江　海南岛　港澳台　阿拉伯　加拿大
　　　马尼拉　莫斯科　尼泊尔　土耳其　新加坡　以色列　柬埔寨
　　　肯尼亚　东南亚　叙利亚　太平洋　开发区

地点：

X：　宾馆

W：　车间　仓库

XX：　办公室　本部门　出发点　交易所　拦河坝　领事馆　水电站
　　　托儿所　外交部　招待所　火车站　门市部　派出所　体育场
　　　天安门

人称、称谓、职业：

X：　大家　我们　你们　他们　咱们　人们　青年　少年　女士　小姐
　　　农民　领导　宾客　逃犯　群体

W：　她们　别人　儿童　孩子　爸爸　女人　主席　总统　领袖　委员
　　　代表　军队　人民　学生　病人　盲人　朋友

XX：　科学家　文学家　批评家　企业家　思想家　哲学家　服务员
　　　陪审员　列车员　营业员　运动员　指战员　推销员　保护人
　　　被告人　辩护人　创始人　发言人　候选人　女主人　投保人
　　　债权人　爱好者　参加者　旁观者　侵略者　统治者　消费者
　　　掌权者　杀人犯　贪污犯　诈骗犯　政治犯　解放军　野战军
　　　人贩子　坏分子　双职工　临时工　男子汉　娘儿俩　球迷们
　　　贫困户　劳动力　留学生　主席团

政治：

XX：　安理会　会员国　联合国　领事馆　外交部　主席团　党中央
　　　国务院　全国性　群众性　斗争性　反革命　闹革命　革命化
　　　军事化　共产党　民主党　发言人　候选人　选举权　掌权者
　　　参加者　划时代　核试验　开发区　扩大化　轻工业

经济：

X：　工业　货币　建设　经济　贸易　生产　数量　诈骗　折价　百万
W：　管理　昂贵　投资
XX：　财产权　纯利润　房地产　经济学　开发区　利润率　明细账
　　　商标法　总产量　生产量　年产量　越来越　购买力　利润率
　　　成活率　百分点　消费者　劳动力　农产品　丰产田　创始人

会：

XX：　安理会　奥运会　博览会　筹备会　讨论会　欢送会

庭审：

X：　诈骗　保证　调查　蹲点　权利　杀死　逃犯　照片　劳改　掠夺
　　　摩擦
W：　杀人　仇恨　恩爱　错误　赌博　负责　判决　杀人　葬礼　舆论
XX：　婚姻法　商标法　诉讼法　判决书　审判员　杀人犯　诈骗犯
　　　贪污犯　政治犯　保证人　债权人　被告人　辩护人　保护人
　　　专利权　所有权　财产权　派出所　凶杀案

体育：

X：　篮球
W：　足球　运动
XX：　冠军赛　团体赛　运动员

物品：

X：　电脑　飞机　东西　玻璃　产品　空气　粮食　楼房　脑袋　软件
　　　塑料
W：　电话　列车　饲料
XX：　必需品　代用品　毛织品　农产品　日用品　奢侈品　装饰品
　　　电视机　轰炸机　录像机　剖面图　酸牛奶　无线电　雷雨云
　　　房地产

色彩：

X：　白色　红色　色彩

W：　绿色

月份、季节：

X：　春天

W：　春秋　秋收　三月　四月　五月　六月　七月　八月　九月　十月

"性"字后缀：

XX：　斗争性　独立性　耐寒性　盲目性　能动性　逻辑性　积极性
　　　偶然性　片面性　普遍性　全国性　群众性　软弱性　严重性
　　　优越性　原则性　真实性　重要性　周期性　准确性

"量"字后缀：

X：　含量　数量

W：　测量　衡量

XX：　充其量　含水量　年产量　生产量　吞吐量　总产量

"化"字后缀：

XX：　标准化　现代化　革命化　扩大化　具体化　规范化　自动化
　　　绝对化　概念化　军事化

是（含同音）：

X：　都是　就是　还是　要是　于是　但是　若是　总是　时间　临时
　　　切实　落实　丧失　损失　蔑视　表示　形式

W：　时候

到（含同音）：

X：　感到　受到　谈到　得到　看到　遭到　难道　到底　领导

W：　道路　达到

然（含同音）：

X：　当然　忽然　突然　仍然　虽然　自然　偶然　燃烧

W：　然后

来（含同音:)：

X：　出来　后来　将来　近来　年来　起来　前来　上来　下来　回来
　　　往来

大（含同音）：

X：　广大　夸大　宽大　扩大　大家

W：　达到

面（含同音）：

X：　面貌

W：　面前　片面　后面　上面

子：

XX：　人贩子　坏分子　看样子　空架子　扣帽子　哭鼻子

动词：

X：	办理	崩塌	帮忙	变成	操作	拆卸	成为	出来	传播	创造
	得到	调查	蹲点	反应	感到	告诉	回来	建设	交换	举行
	参加	开展	看到	劳改	利用	履行	掠夺	蔑视	摩擦	起来
	燃烧	热烈	杀死	突然	修理					

W：	帮助	剥削	采用	操纵	拆开	产生	超过	揣摩	创作	从事
	摧毁	存贮	调动	锻炼	管理	划分	叫做	进行	看出	拉开
	劳动	猛攻	锻炼	散布	杀人	说话	谈话	修改	运动	

XX：	受不了	说不上	送人情	耍花招	反革命	讲排场	尽可能
	憋足劲	凑热闹	得罪人	瞧不起	猛回头	就是说	拉关系

名词：

X：	爱情	澳门	白色	北京	本质	比较	表示	别离	宾客	玻璃
	不能	才能	仓促	测定	曾经	差别	产品	长期	潮流	彻底
	沉淀	抽象	垂直	春天	刺激	促成	措施	大家	代替	农民
	女士	迫害	青年	权利	人们	少年	他们	同志	我们	小姐

W：	爱国	安全	爸爸	百万	办法	北方	崩溃	办法	别人	宾馆
	病人	仓库	测量	长度	超过	车间	传统	代表	单位	道路
	德国	等于	地区	电话	定律	动作	斗争	赌博	对于	吨位
	恩爱	儿童	法国	方法	分子	佛祖	负责	改革	高度	工作
	古代	管理	规律	改革	孩子	后面	互相	欢迎	恢复	技术
	讲话	军队	看出	考虑	坑人	控制	口头	蓝图	类似	冷却
	列车	邻国	领袖	垄断	漏洞	绿色	论述	麻烦	埋头	盲人
	门口	灭亡	目前	南方	内容	拟稿	宁愿			

XX：	财产权	购买力	所有权	选举权	消费者	传染病	轻工业

旅游业　芭蕾舞　丰产田　冠军赛　核试验　休假日　少先队
奴隶制　贫困户　雷雨云　团体赛　吞吐量　凶杀案　闹革命
平方米　破天荒　促进派　轮训班　乐天派　两手抓　单方面
党中央　成活率　购买力

形容词：

X：　白色　潮流　彻底　抽象　垂直　刺激　摧残　复杂　广大　红色
　　荒谬　均匀　肯定　夸大　宽大　扩大　盲从　闷热　明显　膨胀
　　飘然　普遍　恰当　巧妙　燃烧　热烈　顺利　真正　正确　重要
　　最小

W：　崩溃　长度　沉重　程度　充分　多数　非常　丰富　高度　豪华
　　很快　宏观　荒废　跨度　快速　宽广　扩充　类似　乐观　连续
　　良好　茂盛　那样　耐用　怒容　怕羞　片面　漂亮　前面　强度
　　润滑　森严　少数　衰落　酸痛　倘若　准确

XX：　大规模　泡病号　拆墙脚　很难看　用不着　看样子　热心肠
　　走后门　感觉到　高强度　顾不上　第一次　对立面　吸引力

叠词：

XX：　颤巍巍　沉甸甸　光秃秃　乱糟糟　暖洋洋　飘飘然　怯生生

方位词：

X：　东西

W：　上面　下面　南方　北方

其他：

XX：　并没有　不能不　差不多　常见于　充其量　到时候　等于零
　　分界线　划时代　来得及　了不起　略高于　免不了　潜伏期
　　事实上　特别是　为什么　下意识　相适应　形式上

参考文献

1. 唐可立主编：《亚伟中文速录机培训教程（6.0 版）》，社会科学文献出版社 2014 年版。

2. 毕晓曼、周申才主编：《中文计算机速录与速记》，电子科技大学出版社 2015 年版。

3. 李爱、程丽莉编著：《速录技能》，华中科技大学出版社 2011 年版。

4. 济南市中级人民法院编：《书记员实务手册》2009 年版。

5. 李晓棠主编：《书记员工作实务》，中国人民大学出版社 2010 年版。

6. 于邵元主编：《最新法律文书写作、格式、实例应用大全》，中国法制出版社 1996 年版。

7. 艾英主编：《应用写作》，中国政法大学出版社 2011 年版。

声　　明　　1. 版权所有，侵权必究。

2. 如有缺页、倒装问题，由出版社负责退换。

图书在版编目（ＣＩＰ）数据

庭审速录实务/冯璐编著. —北京：中国政法大学出版社, 2017.6
ISBN 978-7-5620-7466-3

Ⅰ.①庭… Ⅱ.①冯… Ⅲ.①法院－书记员－文字处理－中国－教材
Ⅳ.①D926.2②TP391.1

中国版本图书馆CIP数据核字(2017)第134086号

出 版 者　　中国政法大学出版社

地　　址　　北京市海淀区西土城路 25 号

邮　　箱　　fadapress@163.com

网　　址　　http://www.cuplpress.com （网络实名：中国政法大学出版社)

电　　话　　010-58908435(第一编辑部) 58908334(邮购部)

承　　印　　固安华明印业有限公司

开　　本　　720mm×960mm　1/16

印　　张　　14.25

字　　数　　247 千字

版　　次　　2017 年 6 月第 1 版

印　　次　　2017 年 6 月第 1 次印刷

印　　数　　1～3000 册

定　　价　　39.00 元